孔子(B.C.551~B.C.479)

論語

● 論語集註序說	4
【1】學而(16장)	10
【2】爲政(24장)	18
【3】八佾(26장)	28
【4】里仁(26장)	40
【5】公冶長(27장)	48
【6】雍也(28장)	62
【7】述而(37장)	76
【8】泰伯(21장)	90
【9】子罕(30장)	100
【10】鄕黨(18장)	114
【11】先進(25장)	
【12】顔淵(24장)	
【13】子路(30장)	
【14】憲問(47장)	
【15】衛靈公(41장)	
【16】季氏(14장)	
【17】陽貨(26장)	
【18】微子(11장)	
【19】子張(25장)	
【20】堯曰(3장)	

● 공자와 제자 인물사전

● 공자제자 일람표

● 인물색인

손에 잡히는 경전시리즈 【6】 손에 잡히는 논어

- **초판인쇄** 2009년 4월 5일　**개정판 5쇄** 2025년 4월 16일
- **편역** 대유학당　　**편집** 대유연구소
- **편집인** 김수길 윤상철 이연실 황상희 김순영
- **발행인** 윤상철　　**발행처** 대유학당
- **출판등록** 1993년 8월 2일 제 1-1561호
- **주소** 서울 성동구 아차산로 17길 48. SK V1 센터 1동 814호
- **전화** (02)2249-5630　010-9727-5630
- **블로그** 대유학당 갑시다
- **유튜브** 대유학당 TV

- 여러분이 지불하신 책값은 좋은 책을 만드는데 쓰입니다.
- ISBN 978-89-88687-82-6 00140
- **값 10,000원**

일러두기

이 책은 논어를 공부하는 사람이 간편하고 편리하게 원문에 접근할 수 있도록 하기 위해 손에 잡히는 경전시리즈로 편집한 것으로, 『대학 중용』에 이어서 출간한 것입니다.

❶ 원문과 현토는 1631년 인조 9년에 간행한 경진신간庚辰新刊 내각장판內閣藏板을 저본으로 하였습니다.
❷ 왼편에는 원문과 음을 달고 오른편에는 해석을 넣어서 비교해 가며 외울 수 있게 하였습니다.
❸ 부록으로 공자와 그 제자들의 인물사전과 일람표를 첨부하였습니다. 부족한 부분은 『경전주석인물사전』을 참고하시기 바랍니다.
❹ 논어 경문에 나오는 인물을 중심으로 인물색인을 넣어 찾아보기 쉽도록 하였습니다.
❺ 책 뒤에는 혼란한 춘추시대를 살아간 공자의 행적도를 그림과 함께 설명하였습니다.

論語集註序說

● 史記世家에 曰 孔子는 名이 丘요 字는 仲尼니 其先은 宋人이며 父는 叔梁紇이요 母는 顔氏니 以魯襄公二十二年庚戌之歲(B.C.551) 十一月庚子로 生孔子於魯昌平鄕陬邑하니라. 爲兒嬉戲에 常陳俎豆하야 設禮容이러시니 及長에 爲委吏하사 料量平하고 爲司職吏하사 畜蕃息하니라. 適周하사 問禮於老子러시니 旣反而弟子益進이러라.

● 昭公二十五年甲申(B.C.517)에 孔子年三十五而昭公이 奔齊하야 魯亂이어늘 於是에 適齊하사 爲高昭子家臣하야 以通乎景公하신대 公이 欲封以尼谿之田이러니 晏嬰이 不可라하야 公이 惑之어늘 孔子ㅣ 遂行하사 反乎魯하시다.

● 定公元年壬辰(B.C.509)에 孔子年四十三이요 而季氏ㅣ 强僭이러니 其臣陽虎ㅣ 作亂하야 專政이라. 故로 孔子ㅣ 不仕而退하사 修詩書禮樂하시니 弟子彌衆이러라.

● 九年庚子孔子年五十一에 公山不狃ㅣ 以費畔季氏하야 召孔子어늘 欲往而卒不行하시다. 定公이 以孔子로 爲中都宰한대 一年에 四方則之어늘 遂爲司空하고 又爲大司寇하다.

● 十年辛丑에 相定公하야 會齊侯于夾谷하신대 齊人이 歸魯侵地하다.

● 十二年癸卯에 使仲由로 爲季氏宰하야 墮三都하고 收其甲兵이러시니 孟氏不肯墮成이라. 圍之不克하시다.

● 十四年乙巳孔子年五十六에 攝行相事하사 誅少正卯하신대 與聞國政三月에 魯國이 大治러니 齊人이 歸女樂以沮之하니 季桓子ㅣ 受之하고 郊又不致膰俎於大夫어늘 孔子ㅣ 行하시다. 適衛하사 主於子路妻兄顔濁鄒家하시고 適陳하사 過匡이러시니 匡人이 以爲陽虎而拘之하다 旣解에 還衛하사 主蘧伯玉家하사 見南子하시고 去適宋이러시니 司馬桓魋ㅣ 欲殺之어늘 又去適陳하사 主司城貞子家하야 居三歲而反于衛러시니 靈公이 不能用이러라. 晉趙氏家臣佛肹이 以中牟畔하야 召孔子어늘 孔子ㅣ 欲往이라가 亦不果하시고 將西見趙簡子라가 至河而反하사 又主蘧伯玉家러시니 靈公이 問陳이어늘 不對而行하사 復如陳하시다.

● 季桓子ㅣ 卒에 遺言謂康子호대 必召孔子라하더니 其臣이 止之하야 康子ㅣ 乃召冉求어늘 孔子ㅣ 如蔡及葉하시다. 楚昭王이 將以書

社地로 封孔子라가 令尹子西ㅣ 不可라하야 乃止어늘 又反乎衛하시니 時에 靈公이 已卒이라.

● 衛君輒이 欲得孔子爲政이러니 而冉求爲季氏將하야 與齊戰有功이라. 康子ㅣ 乃召孔子하고 而孔子歸魯하시니 實哀公之十一年丁巳요 而孔子는 年이 六十八矣러라. 然이나 魯는 終不能用孔子하고 孔子도 亦不求仕하사 乃敍書傳・禮記하시고 刪詩正樂하시며 序易・彖・繫・象・說卦・文言하시니 弟子ㅣ 蓋三千焉이요 身通六藝者ㅣ 七十二人이러라.

● 十四年庚申에 魯西狩獲麟이어늘 孔子ㅣ 作春秋하시다.

● 明年辛酉에 子路死於衛하고 十六年壬戌四月己丑에 孔子ㅣ 卒하시니 年이 七十三이라. 葬魯城北泗上하니 弟子ㅣ 皆服心喪三年而

去로대 惟子貢은 廬於冢上凡六年이러라. 孔子ㅣ 生鯉字伯魚러시니 先卒하고 伯魚ㅣ 生伋字子思하야 作中庸하시니라.

● 何氏ㅣ 曰 魯論語는 二十篇이요 齊論語는 別有問王知道하야 凡二十二篇이니 其二十篇中에 章句頗多於魯論하며 古論은 出孔氏壁中하야 分堯曰 下章子張問하야 以爲一篇하야 有兩子張하니 凡二十一篇이요 篇次ㅣ 不與齊魯論同하니라.

● 程子ㅣ 曰 論語之書는 成於有子·曾子之門人이라. 故로 其書獨二子를 以子稱하니라.

● 程子ㅣ 曰 讀論語에 有讀了全然無事者하며 有讀了後에 其中得一兩句喜者하며 有讀了後에 知好之者하며 有讀了後에 直有不知手之舞之足之蹈之者하니라.

● 程子ㅣ 曰 今人은 不會讀書로다. 如讀論語에 未讀時에도 是此等人이러니 讀了後에도 又只是此等人이니 便是不曾讀이니라.

● 程子ㅣ 曰 頤自十七八로 讀論語하야 當時에도 已曉文義로대 讀之愈久하니 但覺意味深長이로라.

【1】學而

① 子ㅣ 曰學而時習之면 不亦說乎아?
　자　왈학이시습지　불역열호

　有朋이 自遠方來면 不亦樂乎아?
　유붕　자원방래　불역락호

　人不知而不慍이면 不亦君子乎아?
　인부지이불온　불역군자호

② 有子ㅣ 曰其爲人也ㅣ 孝弟요 而好犯上者ㅣ
　유자　왈기위인야　효제　이호범상자

　鮮矣니 不好犯上이요 而好作亂者ㅣ 未之有
　선의　불호범상　이호작란자　미지유

　也니라. 君子는 務本이니 本立而道生하나니 孝弟
　야　　군자는　무본　　본립이도생　　　효제

　也者는 其爲仁之本與인저!
　야자　기위인지본여

③ 子ㅣ 曰巧言令色이 鮮矣仁이니라.
　자　왈교언영색　선의인

④ 曾子ㅣ 曰吾ㅣ 日三省吾身하노니
　증자　왈오　일삼성오신

　爲人謀而不忠乎아? 與朋友交而不信乎아?
　위인모이불충호　여붕우교이불신호

　傳不習乎이니라.
　전불습호

【1】 학 이 (총 16장)

① 공자께서 말씀하셨다. "배우고 늘 익히면 또한 기쁘지 않겠는가? 벗이 먼 곳으로부터 찾아오면 즐겁지 않겠는가? 남이 알아주지 않더라도 성내지 않는다면 또한 군자가 아니겠는가?"

② 유자(유약)가 말하였다. "그 사람됨이 효성스럽고 공경하면서도, 윗사람 범하기를 좋아할 자가 적으니, 윗사람 범하기를 좋아하지 않으면서 난 일으키기를 좋아하는 자는 있지 않다. 군자는 근본을 힘쓰니, 근본이 서면 도道가 생기는 것이다. 효성과 공경함은 인仁을 행하는 근본이니라!"
▌鮮: 드물 선.   弟: 아랫 사람이 윗 사람을 공경할 제.

③ 공자께서 말씀하셨다. "말을 교묘하게 하고 얼굴빛을 꾸미는 사람 가운데는 인한 사람이 드물다."
▌巧: 교묘할 교.   令: 착할 령(≒善).

④ 증자가 말하였다. "나는 날마다 세 가지로 내 몸을 살피니, '남을 위하여 일을 꾀하면서 충성스럽지 아니했는가? 벗과 더불어 사귀면서 신실하지 아니했는가? 전수받은 것을 익히지 못하였는가?' 등이다."
▌省: 반성할 성.   傳: 전수받을 전.

⑤ 子ㅣ 曰 道千乘之國호대 敬事而信하며
　자　왈　도천승지국　　경사이신

　節用而愛人하며 使民以時니라.
　절용이애인　　사민이시

⑥ 子ㅣ 曰 弟子ㅣ 入則孝하고 出則弟하며 謹而
　자　왈　제자　　입즉효　　출즉제　　근이

　信하며 汎愛衆호대 而親仁이니 行有餘力이어든
　신　　범애중　　이친인　　행유여력

　則以學文이니라.
　즉이학문

⑦ 子夏ㅣ 曰 賢賢호대 易色하며 事父母호대 能竭
　자하　왈　현현　　역색　　사부모　　능갈

　其力하며 事君호대 能致其身하며 與朋友交호대
　기력　　사군　　능치기신　　여붕우교

　言而有信이면 雖曰 未學이라도 吾必謂之學矣
　언이유신　　수왈　미학　　　오필위지학의

　라하리라.

⑧ 子ㅣ 曰 君子ㅣ 不重則不威니 學則不固니라.
　자　왈　군자　　부중즉불위　학즉불고

　主忠信하며 無友不如己者요 過則勿憚改니라.
　주충신　　무우불여기자　과즉물탄개

⑨ 曾子ㅣ 曰 愼終追遠이면 民德이 歸厚矣리라.
　증자　왈　신종추원　　민덕　귀후의

⑤ 공자께서 말씀하셨다. "천승의 나라를 다스리되, 일을 경건하게 하고 미덥게 하며, 쓰는 것을 절약하고 남을 사랑하며, 백성 부리기를 때에 맞게 해야 한다."
▎道 : 다스릴 도(≒治). 乘 : 전차 승. 千乘 : 전차가 천 대 나올 수 있는 제후국.

⑥ 공자께서 말씀하셨다. "제자(가르침을 받는 사람, 아우와 아들)가 들어와서는 효도하고 나가서는 공손하며, 삼가고 미덥게 하며, 널리 사람들을 사랑하되 인한 사람과 친해야 할 것이니, (이런 것을) 행하고서 남은 힘이 있으면 글을 배우는 것이다." ▎謹 : 삼갈 근. 汎 : 넓을 범.

⑦ 자하가 말하였다. "어진 이를 어질게 대하되 색을 좋아하는 마음과 바꾸듯이 하며(낯빛을 편안하게 하며), 부모를 섬기되 그 힘을 다하며, 임금을 섬기되 그 몸을 다 바치며, 벗과 더불어 사귀되 말함에 신실함이 있으면, 비록 배우지 못하였다고 말하더라도 나는 반드시 그를 배웠다고 말하겠다."
▎易 : 바꿀 역. 色 : 여색 색, 낯빛 색.

⑧ 공자께서 말씀하셨다. "군자가 중후하지 않으면 위엄스럽지 아니하니, 배워도 견고하지 못하다. 충성과 신실함을 주로 하며, 자기보다 못한 이와 벗하려 말고, 허물이 있으면 고치기를 꺼리지 말아야 한다." ▎憚 : 꺼릴 탄.

⑨ 증자가 말하였다. "돌아가셨을 때 상사(喪事)의 예를 삼가고, 먼 조상까지 추모의 제사를 다하면 백성의 덕이 후한 데로 돌아갈 것이다."

[1] 학이

⑩ 子禽이 問於子貢曰 夫子ㅣ 至於是邦也하사
　　자금　문어자공왈　부자　지어시방야

必聞其政하시나니 求之與아? 抑與之與아?
필문기정　　　　　구지여　　　억여지여

子貢이 曰 夫子는 溫良恭儉讓以得之시니
자공　왈　부자　　온량공검양이득지

夫子之求之也는 其諸異乎人之求之與인저!
부자지구지야　　기저이호인지구지여

⑪ 子ㅣ 曰 父在에 觀其志요 父沒에 觀其行이나
　　자　왈 부재　관기지　　부몰　관기행

三年을 無改於父之道라야 可謂孝矣니라.
삼년　　무개어부지도　　　가위효의

⑫ 有子ㅣ 曰 禮之用이 和ㅣ 爲貴하니 先王之道ㅣ
　　유자　왈　예지용　　화　　위귀　　　선왕지도

斯爲美라 小大由之니라. 有所不行하니 知和
사위미　 소대유지　　　유소불행　　　지화

而和요 不以禮節之면 亦不可行也니라.
이화　　불이례절지　　역불가행야

⑬ 有子ㅣ 曰 信近於義면 言可復也며 恭近於
　　유자　왈 신근어의　　언가복야　　공근어

禮면 遠恥辱也며 因不失其親이면 亦可宗也
례　　원치욕야　　인불실기친　　　역가종야

니라.

⑩ 자금이 자공에게 물었다. "선생님께서 이 나라에 이르시면 반드시 그 정사를 들으시니, 구해서 들으신 것입니까? 아니면 주어서 들으신 것입니까?"
* 자공이 말하였다. "선생님은 온화하시며 어지시며 공손하시며 검소하시며 겸양으로써 얻으시니, 선생님의 구하심은 다른 사람들의 구함과 다르신 것이다."

抑 : 아니면 억(반어사).

[1] 학이

⑪ 공자께서 말씀하셨다. "아버지가 계신 사람은 그 뜻을 살피면 (효와 불효를) 알 수 있고, 아버지가 돌아가신 사람이라면 그 행동을 살피면 알 수 있으나, 3년 동안 아버지의 도를 고치지 않아야 효라 말할 수 있을 것이다."

⑫ 유자가 말하였다. "예의 쓰임은 조화가 귀하니, 선왕의 도는 이것이 아름다운 까닭에 작고 큰 일이 예로 말미암았다. 행하지 못할 것이 있으니, 조화를 알아서 조화롭게만 하고 예로써 절제하지 않으면, 또한 행할 수 없는 것이다."

⑬ 유자가 말하였다. "약속이 의리에 가까우면 그 말을 실행할 수 있으며, 공손함이 예에 가까우면 치욕을 멀리할 수 있으며, 그 친할 사람을 잃지 않는 사람이라면 또한 종주宗主로 의탁할 수 있을 것이다."

⑭ 子ㅣ 曰君子ㅣ 食無求飽하며 居無求安하며
　자　왈 군자　식무구포　　거무구안

敏於事而愼於言이요 就有道而正焉이면 可謂
민어사이신어언　　취유도이정언　　　가위

好學也已니라.
호학야이

⑮ 子貢이 曰 貧而無諂하며 富而無驕호대 何如
　자공　왈 빈이무첨　　부이무교　　하여

하니잇고? 子ㅣ 曰 可也나 未若貧而樂하며 富而
　　　　　자　왈 가야　미약빈이락　　부이

好禮者也니라.
호례자야

子貢이 曰 詩云 如切如磋하며 如琢如磨라하니
자공　왈 시운 여절여차　　여탁여마

其斯之謂與인져! 子ㅣ 曰 賜也는 始可與言詩
기사지위여　　　자　왈 사야　시가여언시

已矣로다! 告諸往而知來者온여!
이의　　　고저왕이지래자

⑯ 子ㅣ 曰 不患人之不己知요 患不知人也니라.
　자　왈 불환인지불기지　　환부지인야

⑭ 공자께서 말씀하셨다. "군자가 (배우고자 하는 마음이 급해서) 먹음에 배부름을 구하지 않으며, 거처함에 편안함을 구하지 않으며, 일에 민첩하면서 말을 삼가하고, 도가 있는 이를 찾아가서 바로잡으면 배움을 좋아한다고 말할 만하다."

│飽 : 배부를 포.   敏 : 민첩할 민.

⑮ 자공이 말하였다. "가난하면서 아첨하지 않으며, 부유하면서 교만하지 않으면 어떻습니까?"

◆ 공자께서 말씀하셨다. "괜찮으나 가난하면서도 즐거워하며, 부유하면서도 예를 좋아하는 사람만은 못하다."

◆ 자공이 말하였다. "『시경』에 말하기를 '자르는 듯하고 다듬는 듯하며, 쪼는 듯하며 가는 듯하도다' 하였으니, 이것을 말한 것 같습니다."(『시경·衛風·淇奧』 瞻彼淇奧 綠竹猗猗 有匪君子 如切如磋 如琢如磨 瑟兮僩兮 赫兮咺兮 有匪君子 終不可諼兮)

◆ 공자께서 말씀하셨다. "사(자공)는 비로소 더불어 시를 말할 만하다! 지나간 것을 알려주니 올 것을 아는구나!"(하나를 알려주면 둘 셋으로 응용함)

│諂 : 아첨할 첨.   驕 : 교만할 교.   切 : 끊을 절.   磋 : 갈 차.
│琢 : 쪼을 탁.   磨 : 갈 마.

⑯ 공자께서 말씀하셨다. "남이 자기를 알아주지 않는 것을 걱정하지 말고, 내가 남을 알지 못하는 것을 걱정해야 한다."

【2】爲政

① 子ㅣ 曰 爲政以德이 譬如北辰이 居其所어든
   자   왈 위정이덕   비여북신   거기소

   而衆星이 共之니라.
   이중성   공지

② 子ㅣ 曰 詩三百에 一言以蔽之하니 曰 思無
   자   왈 시삼백   일언이폐지   왈 사무

   邪니라.
   사

③ 子ㅣ 曰 道之以政하고 齊之以刑이면 民免而
   자   왈 도지이정   제지이형   민면이

   無恥니라.
   무치

   道之以德하고 齊之以禮면 有恥且格이니라.
   도지이덕   제지이례   유치차격

④ 子ㅣ 曰 吾ㅣ 十有五而志于學하고
   자   왈 오   십유오이지우학

   三十而立하고 四十而不惑하고
   삼십이립   사십이불혹

   五十而知天命하고 六十而耳順하고
   오십이지천명   육십이이순

   七十而從心所欲하야 不踰矩호라.
   칠십이종심소욕   불유구

【2】위 정 (총 24장)

① 공자께서 말씀하셨다. "덕으로 정사하는 것은, 비유하자면 북극성이 제자리에 있으면 모든 별이 그에게로 향하는 것과 같다."

▮譬 : 비유할 비. 北辰 : 북극성. 共 : 향할 공, 읍할 공(≒拱).

② 공자께서 말씀하셨다. "『시경』 300편을 한 마디로 표현할 수 있으니, '생각에 사특함이 없다'이다."

▮蔽 : 덮을 폐. 邪 : 간사할 사.

③ 공자께서 말씀하셨다. "명령으로 인도하고 형벌로써 다스리면, 백성이 형벌을 면하려고만 하고 부끄러워하지 않는다. 덕으로 인도하고 예로 다스리면, 부끄러워 할 줄 알고 또 잘못을 바로 잡을 수 있을 것이다."

▮齊 : 가지런히 할 제. 格 : 바로잡을 격, 이를 격.

④ 공자께서 말씀하셨다. "나는 열 다섯 살에 학문에 뜻을 두었고, 서른 살에 자립하였고, 마흔 살에 의혹하지 않았고, 쉰 살에 천명을 알았고, 예순 살에 귀로 들으면 그대로 이해되었고, 일흔 살에는 마음이 하고자 하는 바를 좇아도 법도를 넘지 않았다."

▮踰 : 넘을 유. 矩 : 법도 구, 곱자 구.

⑤ 孟懿子ㅣ 問孝한대 子ㅣ 曰 無違니라.
　맹의자　문효　　자　왈　무위

樊遲ㅣ 御러니 子ㅣ 告之曰 孟孫이 問孝於我어늘
번지　어　자　고지왈 맹손　문효어아

我ㅣ 對曰 無違라호라.
아　대왈 무위

樊遲ㅣ 曰 何謂也잇고? 子ㅣ 曰 生事之以禮하며
번지　왈 하위야　　　자　왈 생사지이례

死葬之以禮하며 祭之以禮니라.
사장지이례　　제지이례

⑥ 孟武伯이 問孝한대
　맹무백　문효

子ㅣ 曰 父母는 唯其疾之憂시니라.
자　왈 부모　유기질지우

⑦ 子游ㅣ 問孝한대
　자유　문효

子ㅣ 曰 今之孝者는 是謂能養이니 至於犬馬하야도
자　왈 금지효자　시위능양　　지어견마

皆能有養이니 不敬이면 何以別乎리오?
개능유양　불경　하이별호

⑧ 子夏ㅣ 問孝한대
　자하　문효

子ㅣ 曰 色難이니 有事어든 弟子ㅣ 服其勞하고
자　왈 색난　유사　　제자　복기로

有酒食어든 先生饌이 曾是以爲孝乎아?
유주사　선생찬　증시이위효호

⑤ 맹의자가 효를 묻자, 공자께서 대답하셨다. "(예를) 어기지 말아야 한다."
* 번지가 수레를 몰았는데, 공자께서 그에게 알려주며 말씀하셨다. "맹손(맹의자)이 나에게 효를 묻기에 내가 '어기지 말아야 한다'고 대답하였다."
* 번지가 말하였다. "무엇을 말씀하신 것입니까?"
* 공자께서 말씀하셨다. "살아 계실 때는 섬기기를 예로써 하고, 돌아가시면 장례를 예로써 하고, 제사지내기를 예로써 하는 것이다."

▮御 : 말몰 어.

⑥ 맹무백이 효를 묻자, 공자께서 대답하셨다. "부모는 오직 자식이 병들까(부모는 다른 잘못 없이 병들까만 근심하게 해야 한다) 근심하신다."

⑦ 자유가 효를 묻자, 공자께서 말씀하셨다. "지금의 효라는 것은 (몸을) 잘 봉양해 드리는 것을 말한다. 개와 말도 모두 잘 먹여 기르니, 공경하지 않으면 무엇으로 구별하겠는가?"

⑧ 자하가 효를 묻자, 공자께서 말씀하셨다. "얼굴빛을 온화하게 하는 것이 어려우니, 부형에게 일이 있으면 동생이나 자식이 그 수고로움을 대신하고, 술과 밥이 있으면 아버지나 형을 잡수시게 하는 것을 어찌 효라고 할 수 있겠는가?"

▮食 : 밥 사. 饌 : 마시고 먹을 찬. 曾 : 일찍이 증.

⑨ 子ㅣ 日 吾與回로 言終日에 不違如愚러니
　자　왈　오여회　　언종일　　불위여우

退而省其私혼대 亦足以發하나니
퇴이성기사　　　역족이발

回也ㅣ 不愚로다!
회야　　불우

⑩ 子ㅣ 日 視其所以하며 觀其所由하며 察其所
　자　왈　시기소이　　　관기소유　　　찰기소

安이면 人焉廋哉리오? 人焉廋哉리오?
안　　　인언수재　　　　인언수재

⑪ 子ㅣ 日 溫故而知新이면 可以爲師矣니라.
　자　왈　온고이지신　　　가이위사의

⑫ 子ㅣ 日 君子는 不器니라.
　자　왈　군자　　불기

⑬ 子貢이 問君子한대
　자공　　문군자

子ㅣ 日 先行其言이요 而後從之니라.
자　왈　선행기언　　　이후종지

⑭ 子ㅣ 日 君子는 周而不比하고 小人은 比而不
　자　왈　군자　　주이불비　　　소인　　비이부

周니라.
주

⑮ 子ㅣ 日 學而不思則罔하고 思而不學則殆니라.
　자　왈　학이불사즉망　　　사이불학즉태

⑨ 공자께서 말씀하셨다. "내가 안회와 더불어 온종일 이야기를 하였으나, 내 말을 어기지 않아 어리석은 사람인 듯하더니, 물러간 뒤 그 사생활을 살펴봄에 또한 충분히 내 말을 밝혀 실행하고 있으니, 안회는 어리석지 않도다!"
▌違 : 어길 위.　愚 : 어리석을 우.

⑩ 공자께서 말씀하셨다. "그 하는 것을 보며, 그 동기를 보며, 그 편안히 여기는 것을 살피면, 사람이 자신을 어떻게 숨기리오? 사람이 자신을 어떻게 숨기리오?
▌廋 : 숨길 수, 헤아릴 수.

⑪ 공자께서 말씀하셨다. "옛 것을 익히고 연구해서 새 것을 만들 줄 알면 스승이 될 수 있다."
▌溫 : 찾고 연역할 온.　故 : 옛 고.

⑫ 공자께서 말씀하셨다. "군자는 그릇처럼 국한되지 않는다."

⑬ 자공이 군자에 대하여 묻자, 공자께서 말씀하셨다. "그 말에 앞서 실행하고, 그 뒤에 그 실행을 따라 말하는 것이다."

⑭ 공자께서 말씀하셨다. "군자는 두루 사랑하고 당파를 만들지 않으며, 소인은 당파를 만들고 두루 사랑하지 않는다."
▌周 : 두루 주.　比 : 편당지을 비.

⑮ 공자께서 말씀하셨다. "배우기만 하고 생각하지 않으면 어리석고, 생각하기만 하고 배우지 않으면 위태롭다."
▌罔 : 없을 망.　殆 : 위태할 태.

[2] 위정

⑯ 子ㅣ 曰 攻乎異端이면 斯害也已니라.
　　자 왈 공호이단　사해야이

⑰ 子ㅣ 曰 由아! 誨女知之乎인져!
　　자 왈 유　회녀지지호

　知之爲知之요 不知爲不知ㅣ 是ㅣ 知也니라.
　지지위지지　부지위부지　시　지야

⑱ 子張이 學干祿한대
　자장　학간록

　子ㅣ 曰 多聞闕疑요 愼言其餘則寡尤며
　자 왈 다문궐의　신언기여즉과우

　多見闕殆요 愼行其餘則寡悔니
　다견궐태　신행기여즉과회

　言寡尤하며 行寡悔면 祿在其中矣니라.
　언과우　　행과회　　녹재기중의

⑲ 哀公이 問曰 何爲則民服이닛고?
　애공　문왈 하위즉민복

　孔子ㅣ 對曰 擧直錯諸枉則民服하고
　공자　대왈 거직조저왕즉민복

　擧枉錯諸直則民不服이니이다.
　거왕조저직즉민불복

⑳ 季康子ㅣ 問使民敬忠以勸호대 如之何리잇고?
　계강자　문사민경충이권　　　여지하

　子ㅣ 曰 臨之以莊則敬하고 孝慈則忠하고
　자 왈 임지이장즉경　　　효자즉충

　擧善而敎不能則勸이니라.
　거선이교불능즉권

⑯ 공자께서 말씀하셨다. "이단을 전공하면 해로울 뿐이다."

⑰ 공자께서 말씀하셨다. "유(자로)야! 너에게 안다는 것을 가르쳐 주겠다. 아는 것을 안다고 하고 모르는 것을 모른다고 하는 것, 이것이 아는 것이다."
■誨 : 가르칠 회. 女 : 너 녀(汝).

⑱ 자장이 녹을 구하는 방법을 배우려고 하자, 공자께서 말씀하셨다. "많이 듣고 의심스러운 부분은 버리고 그 나머지를 삼가서 말하면 허물이 적으며, 많이 보고 위태로운 것을 버리고 그 나머지를 삼가서 행하면 후회하는 일이 적을 것이니, 말에 허물이 적으며 행실에 후회하는 일이 적으면 녹이 그 가운데 있는 것이다." ■干 : 구할 간. 闕 : 뺄 궐.

⑲ 애공이 물었다. "어떻게 하면 백성이 복종합니까?"
• 공자께서 대답하셨다. "정직한 사람을 들어 쓰고, 굽은 사람을 버려두면 백성들이 복종하고, 굽은 사람을 들어 쓰고, 정직한 사람을 버려두면 백성들이 복종하지 않습니다."(정직한 사람을 등용해서 굽은 사람의 위에 두면 백성이 복종하고, 굽은 사람을 등용하여 정직한 사람의 위에 두면 백성이 복종하지 않을 것이다.) ■錯 : 둘 조. 枉 : 굽을 왕.

⑳ 계강자가 물었다. "백성으로 하여금 공경하고 충성하게 하는 것을 권면하게 하려는데, 어찌하면 되겠습니까?"
• 공자께서 말씀하셨다. "대하기를 장엄하게 하면 공경하고, 효도하고 자애하면 충성하고, 이것을 잘하는 자를 등용해서 잘못하는 자를 가르치면 권면될 것이다."

㉑ **或**이 **謂孔子曰 子**는 **奚不爲政**이시니잇고?
　혹　위공자왈　자　　해불위정

　子ㅣ **曰 書云 孝乎**인져! **惟孝**하며 **友于兄弟**하야
　　자　왈 서운 효호　　유효　　우우형제

　施於有政이라하니 **是亦爲政**이니 **奚其爲爲政**이리오
　시어유정　　　　시역위정　　　해기위위정

㉒ **子**ㅣ **曰 人而無信**이면 **不知其可也**케라. **大車**ㅣ
　　자　왈 인이무신　　　부지기가야　　　　대거

　無輗하며 **小車**ㅣ **無軏**이면 **其何以行之哉**리오?
　무예　　　소거　　무월　　　기하이행지재

㉓ **子張**이 **問十世**를 **可知也**잇가?
　　자장　문십세　　가지야

　子ㅣ **曰 殷因於夏禮**하니 **所損益**을 **可知也**며
　　자　왈 은인어하례　　　소손익　　가지야

　周因於殷禮하니 **所損益**을 **可知也**니 **其或繼**
　주인어은례　　　소손익　　가지야　　기혹계

　周者면 **雖百世**라도 **可知也**니라.
　주자　　수백세　　　　가지야

㉔ **子**ㅣ **曰 非其鬼而祭之**ㅣ **諂也**요
　　자　왈 비기귀이제지　　　첨야

　見義不爲ㅣ **無勇也**니라.
　견의불위　　　무용야

㉑ 어떤 사람이 공자에게 말하였다. "선생께서는 어찌하여 정사를 하지 않으십니까?"
* 공자께서 말씀하셨다. "『서경』에 효를 말하기를 '효도하며 형제간에 우애하여 정사에 베푼다.'고 하니, 이것이 또한 정사를 하는 것이다. 어찌하여 벼슬해서 정사하는 것만이 정사이겠는가?" ▌『서경·周書·君陳』王若曰 君陳 惟爾令德 孝恭 惟孝 友于兄弟 克施有政

[2] 위정

㉒ 공자께서 말씀하셨다. "사람으로서 신실함이 없으면, 사람 노릇을 할지 알지 못하겠다. 큰 수레에 끌채 끝의 멍에를 매는 가로나무가 없고, 작은 수레에 끌채 끝 멍에를 매는 갈고리가 없으면, 그 무엇을 가지고 갈 수 있겠는가?"
▌輗:끌채 끝 쐐기 예.   軏:끌채 끝 쐐기 월.

㉓ 자장이 물었다. "열 세대 뒤의 일을 알 수 있습니까?"
* 공자께서 말씀하셨다. "은나라는 하나라의 예를 이어받았으니 덜고 더한 것을 알 수 있으며, 주나라는 은나라의 예를 이어받았으니 덜고 더한 것을 알 수 있다. 그러니 혹 주나라를 계승하는 나라가 있다면 비록 백 세대 뒤의 일이라도 알 수 있다."

㉔ 공자께서 말씀하셨다. "제사지낼 귀신이 아닌데 제사지내는 것은 아첨이고, 의를 보고 움직이지 않는 것은 용기가 없는 것이다."

【3】八佾

① 孔子ㅣ 謂季氏하사대 八佾로 舞於庭하니
　　공자　위계씨　　　팔일　무어정

　是可忍也온 孰不可忍也리오?
　시가인야　숙불가인야

② 三家者ㅣ 以雍徹이러니 子ㅣ 曰 相維辟公이어늘
　　삼가자　이옹철　　　자　왈 상유벽공

　天子穆穆을 奚取於三家之堂고?
　천자목목　해취어삼가지당

③ 子ㅣ 曰 人而不仁이면 如禮에 何며 人而不仁
　　자　왈 인이불인　　여례　하　　인이불인

　이면 如樂에 何오?
　　　　여악　하

④ 林放이 問禮之本한대 子ㅣ 曰 大哉라! 問이여!
　　임방　문예지본　　　자　왈 대재　　문

　禮ㅣ 與其奢也론 寧儉이요 喪이 與其易也론
　　예　여기사야　　영검　　상　여기이야

　寧戚이니라.
　영척

⑤ 子ㅣ 曰 夷狄之有君이 不如諸夏之亡也니라.
　　자　왈 이적지유군　　불여저하지무야

⑥ 季氏ㅣ 旅於泰山이러니 子ㅣ 謂冉有曰 女ㅣ
　　계씨　려어태산　　　　자　위염유왈 여

【3】 팔 일 (총 26장)

① 공자께서 계씨에게 말씀하셨다. "천자의 팔일무를 (대부의) 뜰에서 춤추니, 이를 차마 한다면 무엇을 차마 하지 못하겠는가?"

▮佾 : 춤 일.

② 세 대부의 집이 옹시를 노래함으로써 제사를 마치니, 공자께서 말씀하셨다. "'제후가 도우니 천자의 위의가 성대하다'는 가사를 어찌 세 대부의 집에서 취해다 쓰는가?"

▮『시경·周頌·雝』 有來雝雝 至止肅肅 相維辟公 天子穆穆 於薦廣牡 相予肆祀. 雝 : 조화로울 옹, 누그러질 옹. 辟公 : 제후(임금 벽, 공후 공). 奚 : 어찌 해.

③ 공자께서 말씀하셨다. "사람으로서 인하지 않으면 예禮를 어떻게 쓰며, 사람으로서 인하지 않으면 악樂을 어떻게 쓰겠는가?"

④ 임방이 예의 근본을 묻자, 공자께서 말씀하셨다. "크도다. 질문이여! 예는 사치하기보다는 차라리 검소해야 하고, 상사(喪事)는 형식보다는 차라리 슬퍼하여야 한다."

⑤ 공자께서 말씀하셨다. "이적에게 임금이 있는 것이, 중국에 없는 것과 같지 않다."(이적이 훨씬 낫다)

⑥ 계씨가 태산에서 여(旅)제사를 지내려고 하자, 공자께서 염유에게 말씀하셨다. "네가 바로잡을 수 없겠느냐?"

弗能救與아? 對曰 不能이로소이다.
불능구여   대왈 불능

子ㅣ 曰 嗚呼라! 曾謂泰山이 不如林放乎아?
자 왈 오호   증위태산   불여임방호

⑦ 子ㅣ 曰 君子ㅣ 無所爭이나 必也射乎인져!
  자 왈 군자   무소쟁   필야사호

揖讓而升하야 下而飮하나니 其爭也ㅣ 君子니라.
읍양이승   하이음   기쟁야   군자

⑧ 子夏ㅣ 問曰 巧笑倩兮며 美目盼兮여! 素以
  자하 문왈 교소천혜   미목변혜   소이

爲絢兮라하니 何謂也잇고?
위현혜   하위야

子ㅣ 曰 繪事ㅣ 後素니라. 曰 禮ㅣ 後乎인져!
자 왈 회사   후소   왈 예   후호

子ㅣ 曰 起予者는 商也로다! 始可與言詩已矣로다
자 왈 기여자   상야   시가여언시이의

⑨ 子ㅣ 曰 夏禮를 吾能言之나 杞不足徵也며
  자 왈 하례   오능언지   기부족징야

殷禮를 吾能言之나 宋不足徵也는 文獻이
은례 오능언지   송부족징야   문헌

不足故也니 足則吾能徵之矣로라.
부족고야 족즉오능징지의

⑩ 子ㅣ 曰 禘ㅣ 自旣灌而往者는 吾不欲觀之
  자 왈 체   자기관이왕자   오불욕관지

矣로라.
의

- 염유가 대답하였다. "불가능합니다."
- 공자께서 말씀하셨다. "아! 일찍이 태산의 신령이 임방만 같지 못하다고 이르느냐?"(임방도 예의 근본을 아는데, 태산이 어찌 예에 어긋난 제사를 흠향하겠는가?)

⑦ 공자께서 말씀하셨다. "군자는 다투는 것이 없으나, 반드시 활쏘기에서는 다툴 것이다. 읍하고 사양하여 올라갔다가 내려와 벌주를 마시게 하니, 그 다툼이 군자답다."

⑧ 자하가 물었다. "'고운 웃음에 보조개가 예쁘며, 아름다운 눈에 눈동자가 선명함이여! 흰 비단으로써 채색을 한다.' 하니, 무엇을 말한 것입니까?" 공자께서 말씀하셨다. "그림 그리는 일은 흰 비단이 마련된 뒤에 하는 것이다."
- 자하가 말하였다. "예가 나중이군요." 공자께서 말씀하셨다. "나의 뜻을 흥기시키는 자는 상(자하)이로다! 비로소 더불어 시를 말할 수 있겠구나!" ▮『시경·衛風·碩人』 手如柔荑 膚如凝脂 領如蝤蠐 齒如瓠犀 螓首蛾眉 巧笑倩兮 美目盼兮. 倩 : 보조개 천, 예쁠 천. 盼 : 눈자위 또렷할 변(반).

⑨ 공자께서 말씀하셨다. "하나라의 예를 내가 말할 수 있지만 그 후손인 기나라에서 충분히 증거하지 못하며, 은나라의 예를 내가 말할 수 있지만 그 후손인 송나라에서 충분히 증거하지 못하는 것은 문헌이 부족하기 때문이다. 문헌이 충분하다면 내가 증거할 수 있을 것이다."

⑩ 공자께서 말씀하셨다. "체(禘)제사에서 이미 술을 부어 신을 부른 뒤로는 내가 보고 싶지 않다."
▮灌 : 부을 관, 물댈 관.

⑪ **或**이 **問禘之說**한대
　혹　　문체지설

子ㅣ **曰 不知也**로라. **知其說者之於天下也**에
자　왈 부지야　　 지기설자지어천하야

其如示諸斯乎인져하시고 **指其掌**하시다.
기여시저사호　　　　　지기장

⑫ **祭如在**하시며 **祭神如神在**러시다.
　제여재　　　　제신여신재

子ㅣ **曰 吾不與祭**면 **如不祭**니라.
자　왈 오불여제　　여부제

⑬ **王孫賈**ㅣ **問曰 與其媚於奧**론 **寧媚於竈**라하니
　왕손가　　문왈 여기미어오　　 영미어조

何謂也잇고?
하위야

子ㅣ **曰 不然**하다. **獲罪於天**이면 **無所禱也**니라.
자　왈 불연　　　획죄어천　　　무소도야

⑭ **子**ㅣ **曰 周監於二代**하니 **郁郁乎文哉**라! **吾**
　자　왈 주감어이대　　　욱욱호문재　　　 오

從周호리라.
종주

⑮ **子**ㅣ **入大廟**하사 **每事**를 **問**하신대 **或**이 **曰 孰謂**
　자　입태묘　　 매사　　문　　　　혹　 왈 숙위

鄹人之子를 **知禮乎**오? **入大廟**하야 **每事**를 **問**
추인지자　　지례호　　　입태묘　　　매사　　문

온여? **子**ㅣ **聞之**하시고 **曰 是**ㅣ **禮也**니라.
　　　자　문지　　　 왈 시　 예야

【1】학 이 (총 16장)

① 공자께서 말씀하셨다. "배우고 늘 익히면 또한 기쁘지 않겠는가? 벗이 먼 곳으로부터 찾아오면 즐겁지 않겠는가? 남이 알아주지 않더라도 성내지 않는다면 또한 군자가 아니겠는가?"

② 유자(유약)가 말하였다. "그 사람됨이 효성스럽고 공경하면서도, 윗사람 범하기를 좋아할 자가 적으니, 윗사람 범하기를 좋아하지 않으면서 난 일으키기를 좋아하는 자는 있지 않다. 군자는 근본을 힘쓰니, 근본이 서면 도道가 생기는 것이다. 효성과 공경함은 인仁을 행하는 근본이니라!"

▌鮮 : 드물 선. 弟 : 아랫 사람이 윗 사람을 공경할 제.

③ 공자께서 말씀하셨다. "말을 교묘하게 하고 얼굴빛을 꾸미는 사람 가운데는 인한 사람이 드물다."

▌巧 : 교묘할 교. 令 : 착할 령(녹름).

④ 증자가 말하였다. "나는 날마다 세 가지로 내 몸을 살피니, '남을 위하여 일을 꾀하면서 충성스럽지 아니했는가? 벗과 더불어 사귀면서 신실하지 아니했는가? 전수받은 것을 익히지 못하였는가?' 등이다."

▌省 : 반성할 성. 傳 : 전수받을 전.

손에 잡히는 경전 시리즈 ❻

[1] 학이

논어
맨 앞부분입니다.

부록
❶ 공자와 제자인물사전
❷ 공자제자 일람표
❸ 인물색인
❹ 공자의 행적도

『손에 잡히는 논어』 한 눈에 원문과 해석을 함께 볼 수 있으며, 정확한 음을 달았기 때문에, 가지고 다니며 외우기 좋습니다.

○ **대유학당 서적구매** www.daeyou.or.kr　　○ **연락처** 02-2249-5630
○ **계좌번호** 국민 807-21-0290-497(윤상철)

손에 잡히는 경전시리즈 ❻

논어
실제의 71% 축소

【1】學而

① 子ㅣ 曰 學而時習之면 不亦說乎아?
　 자　왈 학이시습지　 불역열호

　 有朋이 自遠方來면 不亦樂乎아?
　 유붕　자원방래　 불역락호

　 人 不知而不慍이면 不亦君子乎아?
　 인 부지이불온　 불역군자호

② 有子ㅣ 曰 其爲人也ㅣ 孝弟오而好犯上者ㅣ
　 유자 　왈 기위인야　효제 이호범상자

　 鮮矣니 不好犯上이오 而好作亂者ㅣ 未之有
　 선의　불호범상　 이호작란자　미지유

　 也니라. 君子는 務本이니 本立而道生하나니 孝弟
　 야　　군자　무본　　본립이도생　　 　효제

　 也者는 其爲仁之本與인져!
　 야자 　기위인지본여

③ 子ㅣ 曰 巧言令色이 鮮矣仁이니라.
　 자　왈 교언영색　 선의인

④ 曾子ㅣ 曰 吾ㅣ 日三省吾身하노니
　 증자 　왈 오 　일삼성오신

　 爲人謀而不忠乎아? 與朋友交而不信乎아?
　 위인모이불충호　　 여붕우교이불신호

　 傳不習乎아니라.
　 전불습호

10

손에 잡히는 경전시리즈
❶주역점 ❷주역인해 ❸대학/중용 ❹경전주석인물사전 ❺도덕경/음부경
❻논어 ❼절기체조 ❽~❾맹자1·2 ❿신기묘산 ⑪자미두수 ⑫관세음보살
⑬사자소학·추구 ⑭~⑯시경1·2·3　/ 각권 1만원

⑪ 어떤 사람이 체제사(왕이 시조의 묘당을 세우고, 시조를 위시로 이전의 왕들을 배향하여 왕만이 지낼 수 있는 큰 제사)의 내용을 물었다.
* 공자께서 말씀하시기를 "알지 못하겠다. 그 내용을 아는 자는 천하에 대하여 이것을 보는 것과 같을 것이다." 하시고 그 손바닥을 가리키셨다.

⑫ 제사를 지내되 조상이 (앞에) 있는 듯이 하며, 신을 제사지내되 신이 있는 듯이 하셨다.
* 공자께서 말씀하셨다. "내가 제사에 참여하지 못하면 마치 제사를 지내지 않은 것과 같다."

⑬ 왕손가가 물었다. "안방 신에게 아첨하기보다는 차라리 부엌 신에게 아첨하는 것이 낫다고 하니, 무엇을 말한 것입니까?"
* 공자께서 말씀하셨다. "그렇지 않다. 하늘에 죄를 얻으면 빌 곳이 없다."

┃媚 : 아첨할 미. 奧 : 깊을 오. 竈 : 부엌신 조(竈王), 부엌 조.

⑭ 공자께서 말씀하셨다. "주나라는 하나라와 은나라를 거울로 삼았으니, 찬란하도다! 그 문채여! 나는 주나라를 따르겠다.

┃郁 : 문채 날 욱, 성할 욱.

⑮ 공자께서 태묘에 들어가 매사를 물으시자, 어떤 사람이 말하였다. "누가 추 땅 사람의 아들이 예를 안다고 말하였는가? 태묘에 들어가서 매사를 묻는구려."하였다.
* 공자께서 그 말을 들으시고 말씀하였다. "이렇게 경건하게 삼가는 것이 바로 예이다."

[3]
팔일

⑯ 子ㅣ 曰 射不主皮는 爲力不同科니 古之道也니라.
자 왈 사부주피 위력부동과 고지도야

⑰ 子貢이 欲去告朔之餼羊한대
자공 욕거곡삭지희양

子ㅣ 曰 賜也아! 爾愛其羊가? 我愛其禮하노라.
자 왈 사야 이애기양 아애기례

⑱ 子ㅣ 曰 事君盡禮를 人이 以爲諂也라하나다.
자 왈 사군진례 인 이위첨야

⑲ 定公이 問君使臣하며 臣事君호대 如之何잇고?
정공 문군사신 신사군 여지하

孔子ㅣ 對曰 君使臣以禮하며 臣事君以忠이니이다.
공자 대왈 군사신이례 신사군이충

⑳ 子ㅣ 曰 關雎는 樂而不淫하고 哀而不傷이니라.
자 왈 관저 낙이불음 애이불상

㉑ 哀公이 問社於宰我하신대 宰我ㅣ 對曰 夏后
애공 문사어재아 재아 대왈 하후

氏는 以松이요 殷人은 以栢이요 周人은 以栗이니
씨 이송 은인 이백 주인 이률

曰 使民戰栗이니이다.
왈 사민전률

子ㅣ 聞之하시고 曰 成事라 不說하며 遂事라
자 문지 왈 성사 불설 수사

不諫하며 旣往이라 不咎로다.
불간 기왕 불구

⑥ 공자께서 말씀하셨다. "활을 쏘는 예절에 과녁 뚫는 것을 주로 하지 않음은 힘이 동등하지 않기 때문이니, 옛날의 도이다." ▮『儀禮·鄕射禮』禮射不主皮 主皮之射者 勝者又射 不勝者降. 科 : 등급 과.

⑦ 자공이 초하룻날 사당에 고하는 희생양을 없애고자 하자, 공자께서 말씀하셨다. "사(자공)야. 너는 그 양을 아까와 하느냐? 나는 그 예를 아낀다."

⑧ 공자께서 말씀하셨다. "임금을 섬기는 데 예를 다하는 것을 사람들은 아첨한다고 하더라."

⑨ 정공이 물었다. "임금이 신하를 부리며 신하가 임금을 섬기는 데 어찌해야 합니까?"
• 공자께서 대답하셨다. "임금은 신하를 부리기를 예로써 하며, 신하는 임금을 섬기기를 충으로써 해야 합니다."

⑩ 공자께서 말씀하셨다. "『시경·周南』「관저시」는 즐겁지만 지나치지 않고, 슬프지만 상하게 하지 않는다."

⑪ 애공이 사에 대하여 재아에게 묻자, 재아가 대답하였다. "하후씨(하나라)는 소나무로 하고, 은나라 사람은 잣나무로 하고, 주나라 사람은 밤나무로 하였으니, 이른바 (밤나무로 한 것은) 백성들로 하여금 두렵게 한 것 입니다."
• 공자께서 이를 들으시고 말씀하셨다. "이루어진 일이라 말하지 못하며, 끝난 일이라 간하지 못하며, 이미 지나간 것이라 탓하지 못한다."

▮社 : 토지신 사, 사직(社稷) 사. 戰 : 두려울 전. 栗 : 두려울 률(≒慄).

[3] 팔일

㉒ 子ㅣ 曰 管仲之器ㅣ 小哉라! 或이 曰 管仲은
자   왈 관중지기 소재   혹 왈 관중

儉乎잇가? 曰 管氏ㅣ 有三歸하며 官事를 不攝
검호   왈 관씨   유삼귀   관사   불섭

하니 焉得儉이리오?
   언득검

然則管仲은 知禮乎잇가? 曰 邦君이아 樹塞門이
연즉관중   지례호   왈 방군   수색문

어늘 管氏ㅣ 亦樹塞門하며 邦君이아 爲兩君之好
   관씨   역수색문   방군   위량군지호

에 有反坫이어늘 管氏ㅣ 亦有反坫하니 管氏而
 유반점   관씨   역유반점   관씨이

知禮면 孰不知禮리오?
지례 숙부지례

㉓ 子ㅣ 語魯大師樂曰 樂은 其可知也니
자   어로태사악왈 악   기가지야

始作에 翕如也하야 從之에 純如也하며 皦如也
시작   흡여야   종지   순여야   교여야

하며 繹如也하야 以成이니라.
   역여야   이성

㉔ 儀封人이 請見曰 君子之至於斯也에 吾未
의봉인   청현왈 군자지지어사야   오미

嘗不得見也로라. 從者ㅣ 見之한대 出曰 二三
상부득견야   종자   현지   출왈 이삼

子는 何患於喪乎리오? 天下之無道也ㅣ 久矣
자   하환어상호   천하지무도야   구의

㉒ 공자께서 말씀하셨다. "관중의 그릇이 작구나."
* 어떤 사람이 말하였다. "관중은 검소하다는 것입니까?"
* 공자께서 말씀하셨다. "관씨는 삼귀대를 두었으며, 관사를 겸직시키지 않았으니, 어찌 검소하다고 할 수 있겠는가?"
* "검소하지 않다면 관중은 예를 안 것입니까?"
* 공자께서 말씀하셨다. "나라의 임금이라야 병풍으로 문을 가리는데 관씨가 또한 병풍으로 문을 가렸으며, 나라의 임금이라야 두 임금이 모일 때에 술잔을 되돌려 놓는 자리를 둘 수 있는데, 관씨 또한 술잔을 되돌려 놓는 자리를 두었으니, 관씨가 예를 안다면 누가 예를 알지 못하겠는가?"

樹 : 병풍 수, 심을 수. 塞 : 막을 색. 坫 : 술잔이나 음식물을 얹어 놓는 대 점, 경계 점.

㉓ 공자께서 노나라 태사에게 음악에 대해 말씀하셨다. "음악은 알 수 있는 것이니, 처음 시작할 때 화합한 듯하게 해서, 풀어서 이어짐에 조화한 듯하며 밝은 듯하며 끊어지지 않은 듯하여 한 악장을 이루는 것이다."

翕 : 화합할 흡. 從 : 풀어놓을 종(≒縱). 純 : 순수할 순. 皦 : 밝을 교. 繹 : 이어질 역, 풀어낼 역.

㉔ 의땅의 봉인이 뵙기를 청하며 말하였다. "군자가 이곳에 이르면 내 일찍이 만나지 못한 적이 없었다."
* 시종하는 사람이 뵙게 해주자, 나와서 말하였다. "그대들은 어찌 벼슬을 잃었다고 근심하는가? 천하에 도가 없어진지 오래되었기 때문에 하늘이 장차 선생님으로 목탁을 삼으실 것이다."

라. **天將以夫子**로 **爲木鐸**이시리라.
　　천장이부자　　위목탁

㉕ **子**ㅣ **謂韶**하사대 **盡美矣**요 **又盡善也**라하시고 **謂**
　　자　위소　　　진미의　우진선야　　　　위

武하사대 **盡美矣**요 **未盡善也**라하시다.
무　　　진미의　미진선야

㉖ **子**ㅣ **曰 居上不寬**하며 **爲禮不敬**하며 **臨喪不**
　　자　왈 거상불관　　위례불경　　　임상불

哀면 **吾何以觀之哉**리오?
애　　오하이관지재

㉕ 공자께서 순임금의 소악을 평하여 말씀하셨다. "지극히 아름답고 지극히 선하다."
* 무왕의 무악을 평하여 말씀하셨다. "지극히 아름답지만 지극히 선하지는 못하다."

㉖ 공자께서 말씀하셨다.
* "윗자리에 거처하여 너그럽지 않으며, 예를 실천하는데 공경하지 않으며, 상사에 임하여 슬퍼하지 않으면, 내가 무엇으로 평가해 보겠는가?"

【4】 里仁

① 子ㅣ 曰 里仁이 爲美하니 擇不處仁이면 焉得
  자 왈 이인 위미 택불처인 언득

  知리오?
  지

② 子ㅣ 曰 不仁者는 不可以久處約이며 不可以
  자 왈 불인자 불가이구처약 불가이

  長處樂이니 仁者는 安仁하고 知者는 利仁이니라.
  장처락 인자 안인 지자 이인

③ 子ㅣ 曰 惟仁者야 能好人하며 能惡人이니라.
  자 왈 유인자 능호인 능오인

④ 子ㅣ 曰 苟志於仁矣면 無惡也니라.
  자 왈 구지어인의 무악야

⑤ 子ㅣ 曰 富與貴ㅣ 是人之所欲也나 不以其
  자 왈 부여귀 시인지소욕야 불이기

  道로 得之어든 不處也하며 貧與賤이 是人之所
  도 득지 불처야 빈여천 시인지소

  惡也나 不以其道로 得之라도 不去也니라. 君子ㅣ
  오야 불이기도 득지 불거야 군자

  去仁이면 惡乎成名이리오?
  거인 오호성명

  君子ㅣ 無終食之間을 違仁이니 造次에 必於
  군자 무종식지간 위인 조차 필어

【4】리 인 (총 26장)

① 공자께서 말씀하셨다. "마을이 인한 것이 아름다우니, 가려서 인한 데 거처하지 않으면 어찌 지혜롭다 하겠는가?"
▌擇 : 가릴 택, 선택할 택.

② 공자께서 말씀하셨다. "인하지 않은 자는 오랫동안 곤궁함에 처하지 못하며, 오랫동안 즐거움에도 처하지 못하니, 인한 자는 인을 편안하게 여기고 지혜로운 자는 인을 이롭게 여긴다."

③ 공자께서 말씀하셨다. "오직 인한 자라야 사람을 좋아할 수 있으며, 사람을 미워할 수 있다." ▌惡 : 미워할 오.

④ 공자께서 말씀하셨다. "진실로 인에 뜻을 두면 악함이 없다."

⑤ 공자께서 말씀하셨다. "부유함과 귀함은 사람이 원하는 것이지만 정당한 도로 얻지 않으면 처하지 아니하며, 가난함과 천함은 사람이 싫어하는 것이지만 정당한 도로 얻지 않았어도 떠나지 않아야 한다. 군자가 인을 버리면 어떻게 그 이름을 이루겠는가? 군자는 밥을 먹는 동안이라도 인을 어김이 없으니, 급하고 구차한 순간에도 반드시 인에 의거하며, 엎어지고 넘어지는 때에도 반드시 인에 의거한다."

▌造次 : 잠깐사이, 조차간(造次間), 창졸간(倉卒間). 급하고 구차스런 때. 顚 : 거꾸러질 전. 沛 : 넘어질 패.

是하며 顚沛에 必於是니라.
시   전패   필어시

⑥ 子ㅣ 曰 我未見好仁者와 惡不仁者케라. 好
  자   왈 아미견호인자   오불인자   호

仁者는 無以尙之요 惡不仁者는 其爲仁矣ㅣ
인자   무이상지   오불인자   기위인의

不使不仁者로 加乎其身이니라. 有能一日에
불사불인자   가호기신   유능일일

用其力於仁矣乎아? 我未見力不足者케라?
용기력어인의호   아미견력부족자

蓋有之矣어늘 我未之見也로다.
개유지의   아미지견야

⑦ 子ㅣ 曰 人之過也ㅣ 各於其黨이니 觀過에 斯
  자   왈 인지과야   각어기당   관과   사

知仁矣니라.
지인의

⑧ 子ㅣ 曰 朝聞道면 夕死라도 可矣니라.
  자   왈 조문도   석사   가의

⑨ 子ㅣ 曰 士ㅣ 志於道而恥惡衣惡食者는 未
  자   왈 사   지어도이치악의악식자   미

足與議也니라.
족여의야

⑩ 子ㅣ 曰 君子之於天下也에 無適也하며 無
  자   왈 군자지어천하야   무적야   무

莫也하야 義之與比니라.
막야   의지여비

⑥ 공자께서 말씀하셨다. "내가 인을 좋아하는 자와 불인을 미워하는 자를 보지 못하였다. 인을 좋아하는 자는 더할 나위 없고, 불인을 미워하는 자는 인을 행함에, 불인이 그 몸에 더해지도록 하지 않는 것이다. 하루라도 그 힘을 인에 쓸 수 있는 자가 있느냐? 나는 그 힘이 부족한 자를 보지 못하였노라. 아마 (힘이 부족한 자가) 있기는 하겠지만, 내가 아직 보지 못하였도다."

⑦ 공자께서 말씀하였다. "사람의 허물은 각각 그 부류대로 하는 것이니, 허물을 보면 인을 알 수 있을 것이다.

⑧ 공자께서 말씀하셨다. "아침에 도를 들으면 저녁에 죽어도 좋다."

⑨ 공자께서 말씀하셨다. "선비로서 도에 뜻을 두고서도 나쁜 옷과 나쁜 음식을 부끄러워하는 자와는 더불어 의논하지 못할 것이다."

⑩ 공자께서 말씀하셨다. "군자는 천하에 오로지 주장함도 없으며, 오로지 부정함도 없어서 의를 좇을 뿐이다."
▌適 : 오로지 할 적. 莫 : 좋아하지 않을 막. 比 : 따를 비.

[4] 리인

⑪ 子ㅣ 曰 君子는 懷德하고 小人은 懷土하며
자 왈 군자 회덕 소인 회토

君子는 懷刑하고 小人은 懷惠니라.
군자 회형 소인 회혜

⑫ 子ㅣ 曰 放於利而行이면 多怨이니라.
자 왈 방어리이행 다원

⑬ 子ㅣ 曰 能以禮讓이면 爲國乎에 何有며
자 왈 능이예양 위국호 하유

不能以禮讓으로 爲國이면 如禮에 何리오?
불능이예양 위국 여례 하

⑭ 子ㅣ 曰 不患無位요 患所以立하며
자 왈 불환무위 환소이립

不患莫己知요 求爲可知也니라.
불환막기지 구위가지야

⑮ 子ㅣ 曰 參乎아! 吾道는 一以貫之니라. 曾子ㅣ
자 왈 참호 오도 일이관지 증자

曰 唯라. 子ㅣ 出커시늘 門人이 問曰 何謂也잇고?
왈 유 자 출 문인 문왈 하위야

曾子ㅣ 曰 夫子之道는 忠恕而已矣니라.
증자 왈 부자지도 충서이이의

⑯ 子ㅣ 曰 君子는 喩於義하고 小人은 喩於利니라.
자 왈 군자 유어의 소인 유어리

⑰ 子ㅣ 曰 見賢思齊焉하며 見不賢而內自省也
자 왈 견현사제언 견불현이내자성야

니라.

⑪ 공자께서 말씀하셨다. "군자는 덕을 생각하고 소인은 땅(편안히 처할 곳)을 생각하며, 군자는 법을 생각하고 소인은 은혜를 생각한다."

▌懷 : 품을 회, 생각할 회.

⑫ 공자께서 말씀하셨다. "이익에 따라 행동하면 원망이 많다." ▌放 : 방종할 방.

⑬ 공자께서 말씀하셨다. "예와 겸양으로 할 수 있으면 나라를 다스림에 무슨 어려움이 있으며, 예와 겸양으로 나라를 다스리지 못하면 예문조항이 (있은들) 어찌하겠는가?"

⑭ 공자께서 말씀하셨다. "지위가 없는 것을 근심하지 말고 지위에 설 자격을 근심하며, 자기를 알아주지 않는 것을 근심하지 말고 알아줄 만한 사람이 되기를 구해야 한다."

⑮ 공자께서 말씀하셨다. "참아! 우리 도는 하나로써 꿰뚫는다." 증자(증참)가 말하였다. "예."
- 공자께서 나가시자, 문인들이 물었다. "무엇을 말씀하신 것입니까?"
- 증자가 말하였다. "선생님의 도는 충과 서일 뿐이다."

▌恕 : 자기마음을 미루어 보아서 남에게 미침.

⑯ 공자께서 말씀하셨다. "군자는 의에 깨닫고, 소인은 이익에 깨닫는다."

⑰ 공자께서 말씀하셨다. "어진 이를 보고는 같아지기를 생각하며, 어질지 못한 이를 보고는 안으로 스스로 반성해야 한다."

▌齊 : 같을 제, 가지런히 할 제.

⑱ 子ㅣ 曰 事父母호대 幾諫이니 見志不從하고 又
敬不違하며 勞而不怨이니라.

⑲ 子ㅣ 曰 父母ㅣ 在어시든 不遠遊하며 遊必有方
이니라.

⑳ 子ㅣ 曰 三年을 無改於父之道라야 可謂孝矣니

㉑ 子ㅣ 曰 父母之年은 不可不知也니
一則以喜요 一則以懼니라.

㉒ 子ㅣ 曰 古者에 言之不出은 恥躬之不逮也니라

㉓ 子ㅣ 曰 以約失之者ㅣ 鮮矣니라.

㉔ 子ㅣ 曰 君子는 欲訥於言而敏於行이니라.

㉕ 子ㅣ 曰 德不孤라 必有鄰이니라.

㉖ 子游ㅣ 曰 事君數이면 斯辱矣요 朋友數이면
斯疏矣니라.

⑱ 공자께서 말씀하셨다. "부모를 섬길 때는 가만히 간해야 하니, 간한 뜻을 따라주지 않더라도 또한 공경해서 어기지 않으며, 수고를 하여도 원망하지 않아야 할 것이다."
▎幾 : 기미 기.

⑲ 공자께서 말씀하셨다. "부모가 계시면 멀리 나가 놀지 않으며, 놀더라도 반드시 일정한 장소가 있어야 한다."

⑳ 공자께서 말씀하셨다. "3년을 아버지의 도를 고치지 않아야 효라고 말할 수 있다." ▎「학이」⑪과 半同

㉑ 공자께서 말씀하셨다. "부모의 나이는 기억하지 않을 수 없으니, 한편으로는 (장수하신 것이) 기쁘고 한편으로는 (노쇠하신 것이) 두렵다."

㉒ 공자께서 말씀하셨다. "예전에 말을 내지 않은 것은 몸이 미치지 못할까 부끄러워한 것이다.

㉓ 공자께서 말씀하셨다. "절제있게 하면 실수가 적다."

㉔ 공자께서 말씀하셨다. "군자는 말에 어눌하고, 행동하는 데 민첩하고자 한다."

㉕ 공자께서 말씀하셨다. "덕은 외롭지 않아서 반드시 이웃이 있다." ▎『역경·坤卦 文言傳 六二爻』君子敬以直內 義以方外 敬義立而德不孤

㉖ 자유가 말하였다. "임금을 섬길 때 자주 간하면 욕을 당하고, 벗에게 자주 충고하면 멀어지게 된다."
▎數 : 자주 삭.

[4] 리인

【5】 公冶長

① 子ㅣ 謂公冶長하사대 可妻也로다. 雖在縲絏之
　자　위공야장　　　　가처야　　　수재류설지

中이나 非其罪也라하시고 以其子로 妻之하시다.
중　　비기죄야　　　　　이기자　처지

子ㅣ 謂南容하사대 邦有道에 不廢하며 邦無道에
자　위남용　　　　방유도　불폐　　방무도

免於刑戮이라하시고 以其兄之子로 妻之하시다.
면어형륙　　　　　이기형지자　처지

② 子ㅣ 謂子賤하사대 君子哉라! 若人이여! 魯無君
　자　위자천　　　　군자재　　약인　　　노무군

子者면 斯焉取斯리오?
자자　사언취사

③ 子貢이 問日 賜也는 何如하니잇고? 子ㅣ 曰 女는
　자공　문왈 사야　하여　　　　　　자　왈 여

器也니라. 曰 何器也잇고? 曰 瑚璉也니라.
기야　　　왈 하기야　　　왈 호련야

④ 或이 曰 雍也는 仁而不佞이로다.
　혹　왈 옹야　인이불녕

子ㅣ 曰 焉用佞이리오? 禦人以口給하야 屢憎
자　왈 언용녕　　　　어인이구급　　　누증

於人하나니 不知其仁이어니와 焉用佞이리오?
어인　　　　부지기인　　　　언용녕

【5】 공야장 (총 27장)

① 공자께서 공야장을 평하시기를 "사위 삼을 만하다. 비록 감옥에 있었으나 그의 죄가 아니다."라고 하시고, 공자님의 딸로 아내를 삼게 하셨다.

• 공자께서 남용을 평하시기를 "나라에 도가 있으면 버려지지 않으며, 나라에 도가 없으면 형벌을 면할 것이다."라고 하시고, 형의 딸로 아내를 삼게 하셨다.

> 妻 : 시집보낼 처. 縲 : 포승 류. 絏 : 묶을 설. 縲 絏 : 감옥. 戮 : 형벌 륙, 죽일 륙.

② 공자께서 자천(복불제 : 宓不齊)을 평하셨다. "군자로다. 이 사람이여! 노나라에 군자가 없었다면 이 사람이 어디에서 이런 덕을 취하였겠는가?"

③ 자공이 물었다. "저는 어떻습니까?"

• 공자께서 말씀하셨다. "너는 그릇이다."

• 자공이 말하였다. "어떤 그릇입니까?"

• 공자께서 말씀하셨다. "호련이다."

④ 어떤 사람이 말하였다. "옹(염중궁)은 인하지만 말은 잘하지 못합니다."

• 공자께서 말씀하셨다. "말재주를 어디에 쓰겠는가? 구변좋은 응답으로 사람의 말을 막아서 자주 남들에게 미움을 받으니, 그가 인한지는 알지 못하겠으나, 말재주를 어디에 쓰겠는가?"

> 佞 : 말재주 녕(口才). 禦 : 막을 어. 給 : 말잘할 급(≒辯).

⑤ 子ㅣ 使漆雕開로 仕하신대
　 자　사칠조개　사

對曰 吾斯之未能信이로이다. 子ㅣ 說하시다.
대왈 오사지미능신　　　　자　열

⑥ 子ㅣ 曰 道不行이라 乘桴하야 浮于海호리니
　 자　왈 도불행　　승부　　부우해

從我者는 其由與인져! 子路ㅣ 聞之하고 喜한대
종아자　기유여　　자로　문지　　희

子ㅣ 曰 由也는 好勇이 過我나 無所取材로다.
자　왈 유야　호용　과아　무소취재

⑦ 孟武伯이 問子路는 仁乎잇가? 子ㅣ 曰 不知也
　 맹무백　문자로　인호　　　자　왈 부지야

로라. 又問한대 子ㅣ 曰 由也는 千乘之國에 可使
　　우문　　자　왈 유야　천승지국　가사

治其賦也어니와 不知其仁也케라.
치기부야　　　부지기인야

求也는 何如하니잇고? 子ㅣ 曰 求也는 千室之邑
구야　하여　　　　자　왈 구야　천실지읍

과 百乘之家에 可使爲之宰也어니와 不知其仁
　백승지가　가사위지재야　　　부지기인

也케라.
야

赤也는 何如하니잇고? 子ㅣ 曰 赤也는 束帶立於
적야　하여　　　　자　왈 적야　속대입어

朝하야 可使與賓客言也어니와 不知其仁也케라.
조　　가사여빈객언야　　　부지기인야

⑤ 공자께서 칠조개로 하여금 벼슬하라고 하시니, 대답하였다. "제가 이것을 자신하지 못하겠습니다."
◆ 공자께서 기뻐하셨다.

⑥ 공자께서 말씀하셨다. "도가 행해지지 않기 때문에, 뗏목을 타고 바다를 항해하려 하는데, 나를 따라올 자는 아마 유(자로)일 것이다."
◆ 자로가 듣고 기뻐하자, 공자께서 말씀하셨다. "유는 용맹을 좋아하는 것이 나보다 나으나, 헤아림을 취할 바가 없다." ▌桴 : 뗏목 부(≒筏).

⑦ 맹무백이 물었다. "자로는 인합니까?" 공자께서 말씀하셨다. "알지 못하겠다."
◆ 또 묻자, 공자께서 말씀하셨다. "유(중유/자로)는 천승의 나라에 그 군사를 다스리게 할 수는 있으나, 그 인은 알지 못하겠다."
◆ "구(염구/자유)는 어떻습니까?"
◆ 공자께서 말씀하셨다. "구는 천실의 큰 고을과 백승(경·대부)의 집에 재가 되게 할 수는 있으나 그 인은 알지 못하겠다."

▌賦 : 병사를 부리는 일(토지의 세금을 걷어 군사를 길렀다.) 천실 : 큰 도시(大邑)

◆ "적(공서화)은 어떻습니까?"
◆ 공자께서 말씀하셨다. "적은 띠를 두르고 조정에 서서 빈객과 더불어 말하게 할 수는 있으나 그 인은 알지 못하겠다."

⑧ 子ㅣ 謂子貢曰 女與回也로 孰愈오?
　 자　 위자공왈　 여여회야　 숙유

對曰 賜也는 何敢望回리잇고? 回也는 聞一以
대왈　사야　 하감망회　　　회야는 문일이

知十하고 賜也는 聞一以知二하노이다.
지십　　 사야　 문일이지이

子ㅣ 曰 弗如也니라. 吾與女의 弗如也하노라.
자　 왈 불여야　　　 오여녀　 불여야

⑨ 宰予ㅣ 晝寢이어늘 子ㅣ 曰 朽木은 不可雕也며
　 재여　 주침　　　자　 왈 후목　 불가조야

糞土之牆은 不可杇也니 於予與에 何誅리오?
분토지장　 불가오야　 어여여　 하주

子ㅣ 曰 始吾ㅣ 於人也에 聽其言而信其行
자　 왈 시오　 어인야　 청기언이신기행

이러니 今吾ㅣ 於人也에 聽其言而觀其行하노니
　　　금오　 어인야　 청기언이관기행

於予與에 改是와라.
어여여　 개시

⑩ 子ㅣ 曰 吾未見剛者케라. 或이 對曰 申棖이니
　 자　 왈 오미견강자　　 혹　 대왈 신정

이다. 子ㅣ 曰 棖也는 慾이어니 焉得剛이리오?
　　　자　 왈 정야　 욕　　　언득강

⑧ 공자께서 자공을 보고 말씀하셨다. "너와 안회 가운데 누가 나으냐?"
* 대답하였다. "제가 어찌 감히 안회를 바라볼 수 있겠습니까? 안회는 하나를 들으면 열을 알고, 저는 하나를 들으면 둘을 압니다."
* 공자께서 말씀하셨다. "네가 안회만 못하다. 내가 너의 안회만 못함을 허여한다."

女 : 너 녀(=汝)

⑨ 재여가 낮에 자거늘 공자께서 말씀하셨다. "썩은 나무에는 새기지 못할 것이며, 썩은 흙으로 쌓은 담은 흙손질하지 못할 것이니, 재여에게 무엇을 꾸짖겠는가?"
* 공자께서 말씀하셨다. "처음에는 내가 사람에 대하여서 그 말대로 행할 것을 믿었으나, 이제 내가 사람에 대하여서 그 말을 듣고 그 행실을 살펴보게 되었으니, 나는 재여 때문에 이 습관을 고치게 되었노라."

朽 : 썩을 후. 雕 : 아로새길 조. 糞 : 똥 분. 牆 : 담 장. 杇 : 흙손 오.

⑩ 공자께서 말씀하셨다. "나는 굳센 자를 보지 못하였다."
* 어떤 사람이 대답하였다. "신정입니다."
* 공자께서 말씀하셨다. "신정은 욕심이 있으니, 어찌 굳세다고 하겠는가?"

棖 : 문설주 정.

⑪ 子貢이 曰 我不欲人之加諸我也를 吾亦欲
　　자공　왈　아불욕인지가저아야　　오역욕

無加諸人하노이다.
무가저인

子ㅣ 曰 賜也아! 非爾所及也니라.
자　왈　사야　　비이소급야

⑫ 子貢이 曰 夫子之文章은 可得而聞也어니와
　　자공　왈　부자지문장　가득이문야

夫子之言性與天道는 不可得而聞也니라.
부자지언성여천도　불가득이문야

⑬ 子路는 有聞이요 未之能行하여서 唯恐有聞하더라.
　　자로　유문　　미지능행　　　　유공유문

⑭ 子貢이 問曰 孔文子를 何以謂之文也잇고?
　　자공　문왈　공문자　하이위지문야

子ㅣ 曰 敏而好學하며 不恥下問이라. 是以謂
자　왈　민이호학　　불치하문　　　시이위

之文也니라.
지문야

⑮ 子ㅣ 謂子産하사대 有君子之道ㅣ 四焉이니
　자　위자산　　　　유군자지도　사언

其行己也ㅣ 恭하며 其事上也ㅣ 敬하며
기행기야　공　　　기사상야　경

其養民也ㅣ 惠하며 其使民也ㅣ 義니라.
기양민야　혜　　　기사민야　의

⑯ 子ㅣ 曰 晏平仲은 善與人交로다! 久而敬之온여!
　자　왈　안평중　선여인교　　　구이경지

⑪ 자공이 말하였다. "저는 남이 나에게 행하기를 원하지 않는 것을 저 또한 남에게 행하지 않고자 합니다."
• 공자께서 말씀하셨다. "사야, 네가 미칠 바가 아니다."
▎爾 : 너 이.

⑫ 자공이 말하였다. "선생님의 문장은 들을 수 있었으나, 선생님이 성(性)과 천도를 말씀하시는 것은 듣지 못하였다."

⑬ 자로는 듣고 나서 아직 실행하지 못했으면, 오직 또 들을까 두려워하였다.

⑭ 자공이 물었다. "공문자를 어찌하여 '문文'이라 일컬은 것입니까?"
• 공자께서 말씀하셨다. "명민하면서 배우기를 좋아하며, 아랫사람에게 묻기를 부끄러워하지 않으니, 이런 까닭으로 '문文'이라 한 것이다."

⑮ 공자께서 자산을 평하셨다. "그에게 군자의 도가 네 가지 있었으니, 몸소 행할 때에 공손하며, 윗사람을 섬길 때에 공경하며, 백성을 기를 때에 은혜로우며, 백성을 부릴 때에 의로웠다."

⑯ 공자께서 말씀하셨다. "안평중(안영)은 사람과 더불어 잘 사귀도다! (사귄지) 오래되어도 공경하는구나!"

[5] 공야장

⑰ 子ㅣ 曰 臧文仲이 居蔡호대 山節藻梲하니 何
    자 왈 장문중   거채   산절조절   하

其知也리오?
여기지야

⑱ 子張이 問曰 令尹子文이 三仕爲令尹호대 無
   자장   문왈 영윤자문   삼사위영윤   무

喜色하며 三已之호대 無慍色하야 舊令尹之政을
희색   삼이지   무온색   구령윤지정

必以告新令尹하니 何如하니잇고? 子ㅣ 曰 忠矣
필이고신령윤   하여   자   왈 충의

니라. 曰 仁矣乎잇가? 曰 未知케라. 焉得仁이리오?
     왈 인의호   왈 미지   언득인

崔子ㅣ 弒齊君이어늘 陳文子ㅣ 有馬十乘이러니
최자   시제군   진문자   유마십승

棄而違之하고 至於他邦하야 則曰 猶吾大夫
기이위지   지어타방   즉왈 유오대부

崔子也라하고 違之하며 之一邦하야 則又曰 猶吾
최자야   위지   지일방   즉우왈 유오

大夫崔子也라하고 違之하니 何如하니잇고? 子ㅣ 曰
대부최자야   위지   하여   자   왈

清矣니라. 曰 仁矣乎잇가? 曰 未知케라. 焉得仁
청의   왈 인의호   왈 미지   언득인

이리오?

⑰ 공자께서 말씀하셨다. "장문중이 점치는 큰거북(蔡)을 가지고 있으면서, 두공에 산을 그리고 동자기둥에는 수초를 그렸으니, 어찌 그를 지혜롭다고 하겠는가?"

▎蔡 : 큰 거북 채. 節 : 기둥머리 위의 두공(枓栱). 藻 : 말 조. 梲 : 동자기둥 절.

⑱ 자장이 물었다. "영윤자문이 세 번 벼슬하여 영윤이 되었으면서 기쁜 빛이 없었고, 세 번 그만 두었으면서도 성내는 빛이 없었으며, 옛 영윤의 정사를 반드시 새 영윤에게 알려주었으니, 어떻습니까?"
• 공자께서 말씀하셨다. "충성스럽다."
• 자장이 말하였다. "인합니까?"
• 공자께서 말씀하셨다. "알지 못하겠다. 어찌 인하다고 할 수 있겠는가?"

• "최자가 제나라 임금을 시해하니, 진문자가 말 십승을 가지고 있다가 버리고 떠나 다른 나라에 이르러 곧 말하기를 '이 사람도 우리 대부 최자와 같다.'하고 떠나고, 다른 나라에 가서 또 말하기를 '이 사람 역시 우리 대부 최자와 같다.'하고 떠났으니, 어떻습니까?"
• 공자께서 말씀하셨다. "청렴하다."
• 자장이 말했다. "인합니까?"
• 공자께서 말씀하셨다. "알지 못하겠다. 어찌 인하다고 할 수 있겠는가?"

▎弑 : 죽일 시, 시해할 시.

⑲ 季文子│ 三思而後에 行하더니 子│ 聞之하시고
　계문자　　삼사이후　행　　　자　문지

日再라 斯可矣니라.
왈재　　사가의

⑳ 子│ 日寗武子│ 邦有道則知하고 邦無道則
　자　왈영무자　방유도즉지　　　방무도즉

愚하니 其知는 可及也어니와 其愚는 不可及也니라.
우　　　기지　　가급야　　　　기우　　불가급야

㉑ 子│ 在陳하사 日歸與歸與인져!
　자　재진　　　왈귀여귀여

吾黨之小子│ 狂簡하야 斐然成章이요 不知所
오당지소자　광간　　　비연성장　　　부지소

以裁之로다.
이재지

㉒ 子│ 日伯夷·叔齊는 不念舊惡이라 怨是用
　자　왈백이　숙제　　불념구악　　　원시용

希니라.
희

㉓ 子│ 日孰謂微生高直고? 或이 乞醯焉이어늘
　자　왈숙위미생고직　　혹　걸혜언

乞諸其鄰而與之온여!
걸저기린이여지

㉔ 子│ 日巧言令色足恭을 左丘明이 恥之러니
　자　왈교언영색주공　　좌구명　　치지

丘亦恥之하노라. 匿怨而友其人을 左丘明이
(구)역치지　　　　닉원이우기인　　좌구명

⑳ 계문자가 세 번 생각한 뒤에야 행하였더니, 공자께서 들으시고 말씀하셨다. "두 번이면 된다."

㉑ 공자께서 말씀하셨다. "영무자는 나라에 도가 있으면 지혜롭게 했고, 나라에 도가 없으면 어리석게 했으니, 그 지혜는 따를 수 있겠지만 그 어리석게 함은 (보통사람이) 따를 수 없다."(도가 없을 때 몸과 마음을 바쳐 충성을 다 하는 것이, 일반인의 눈으로 보면 쓸데 없는 고생을 한 것이므로 어리석게 행동한 것이다.)

㉒ 공자께서 진나라에 계시면서 말씀하셨다. "돌아갈까 보다! 돌아갈까 보다! 우리 고을의 젊은이들은 뜻이 크나 일에는 소략하여 빛나게 문장을 이루고도 마름질할 바를 모르는구나." ▌狂 : 뜻은 높으나 행동이 따르지 못하는 사람 광. 斐 : 문채 날 비.

㉓ 공자께서 말씀하셨다. "백이와 숙제는 예전의 악한 것을 생각하지 아니하므로 원망이 이 때문에 드물었다."

㉔ 공자께서 말씀하셨다. "누가 미생고를 곧다고 말하였는가? 어떤 사람이 초를 빌리려고 하자, 그가 이웃집에서 빌려다 주었다는구나."
▌醯 : 초 혜.

㉕ 공자께서 말씀하셨다. "말을 교묘하게 하고 얼굴빛을 꾸미며 공손함을 지나치게 하는 것을 좌구명이 부끄러워했는데, 나 또한 부끄러워하노라. 원망을 숨기고 그 사람과 벗하는 것을 좌구명이 부끄러워했는데, 나 또한 부끄러워하

恥之러니 丘亦恥之하노라.
치지 (구)역치지

㉕ 顔淵·季路ㅣ 侍러니 子ㅣ 曰 盍各言爾志리오?
안연 계로 시 자 왈 합각언이지

子路ㅣ 曰 願車馬와 衣輕裘를 與朋友共하야
자로 왈 원거마 의경구 여붕우공

敝之而無憾하노이다.
폐지이무감

顔淵이 曰 願無伐善하며 無施勞하노이다.
안연 왈 원무벌선 무시로

子路ㅣ 曰 願聞子之志하노이다.
자로 왈 원문자지지

子ㅣ 曰 老者를 安之하며 朋友를 信之하며
자 왈 노자 안지 붕우 신지

少者를 懷之니라.
소자 회지

㉖ 子ㅣ 曰 已矣乎라! 吾未見能見其過而內自
자 왈 이의호 오미견능견기과이내자

訟者也케라.
송자야

㉗ 子ㅣ 曰 十室之邑에 必有忠信이 如丘者焉
자 왈 십실지읍 필유충신 여(구)자언

이어니와 不如丘之好學也니라.
불여(구)지호학야

노라."

⑤ 안연과 계로(자로)가 공자를 모시고 있었는데, 공자께서 말씀하셨다. "각각 너희들의 뜻을 말해보지 않겠느냐?"
* 자로가 말하였다. "수레와 말과 가벼운 갖옷을 친구와 함께 쓰다가 해지더라도 유감이 없고자 합니다."
  裘 : 갖옷 구. 敝 : 해질 폐.

* 안연이 말하였다. "유능함을 자랑하지 않으며, 공로를 과시하지 않고자 합니다."
  伐 : 자랑할 벌. 施 : 널리 베풀 시.
* 자로가 말하였다. "선생님의 뜻을 듣고자 합니다."
* 공자께서 말씀하셨다. "늙은이를 편안하게 해주며, 친구를 믿으며, 젊은이를 품어주고자 한다."

⑥ 공자께서 말씀하셨다. "어쩔 수 없구나! 나는 아직 자신의 허물을 보고서 안으로 뉘우치는 자를 보지 못하였다."

⑦ 공자께서 말씀하셨다. "열 집 고을에 반드시 충과 신이 나와 같은 이는 있겠지만, 내가 학문을 좋아하는 것만은 같지 못할 것이다."

【6】雍也

① 子ㅣ 曰 雍也는 可使南面이로다. 仲弓이 問子
자 왈 옹야 가사남면 중궁 문자

桑伯子한대 子ㅣ 曰 可也ㅣ 簡이니라.
상백자 자 왈 가야 간

仲弓이 曰 居敬而行簡하야 以臨其民이면 不
중궁 왈 거경이행간 이림기민 불

亦可乎잇가? 居簡而行簡이면 無乃大簡乎잇가?
역가호 거간이행간 무내태간호

子ㅣ 曰 雍之言이 然하다.
자 왈 옹지언 연

② 哀公이 問弟子ㅣ 孰爲好學이니잇고?
애공 문제자 숙위호학

孔子ㅣ 對曰 有顔回者ㅣ 好學하야 不遷怒하며
공자 대왈 유안회자 호학 불천노

不貳過하더니 不幸短命死矣라. 今也則亡하니
불이과 불행단명사의 금야즉무

未聞好學者也케이다.
미문호학자야

③ 子華ㅣ 使於齊러니 冉子ㅣ 爲其母請粟한대
자화 시어제 염자 위기모청속

子ㅣ 曰 與之釜하라. 請益한대 曰 與之庾하라하야
자 왈 여지부 청익 왈 여지유

【6】옹 야 (총 28장)

① 공자께서 말씀하셨다. "옹(중궁)은 임금 노릇을 하게 할 만하다."
- 중궁이 자상백자에 대하여 묻자, 공자께서 대답하셨다. "괜찮다. 간략한(소탈한) 사람이다."
- 중궁이 말하였다. "공경함에 거하면서 간략함을 행하여 그 백성에게 임하면 또한 괜찮지 않습니까? 간략함에 거하면서 간략함을 행하면 너무 간략한 것이 아닙니까?"
- 공자께서 말씀하셨다. "옹의 말이 옳다."

② 애공이 물었다. "제자 가운데 누가 배우기를 좋아합니까?"
- 공자께서 대답하셨다. "안회라는 자가 배우기를 좋아하여 노여움을 남에게 옮기지 않으며, 잘못을 두 번 하지 아니하더니, 불행히도 단명하였습니다. 이제는 없으니, 아직 배우기를 좋아한다는 자를 듣지 못하였습니다."

③ 자화(공서화)가 제나라에 사신으로 갔는데, 염자(염구)가 그의 어머니를 위해 곡식을 청하니,
- 공자께서 말씀하셨다. "부(6말 4되)를 주어라." 더 주기를 청하자, 공자께서 말씀하셨다. "유(16말)를 주어라."

시늘 **冉子**ㅣ **與之粟五秉**하대 **子**ㅣ **曰 赤之適**
    염자   여지속오병   자 왈 적지적

齊也에 **乘肥馬**하며 **衣輕裘**하니 **吾는 聞之也**호니
제야   승비마   의경구   오 문지야

君子는 周急이요 **不繼富**라호라.
군자 주급   불계부

原思ㅣ **爲之宰**러니 **與之粟九百**이어시늘 **辭**한대
원사   위지재   여지속구백   사

子ㅣ **曰毋**하야 **以與爾鄰里鄕黨乎**인져.
자 왈무   이여이인리향당호

④ **子**ㅣ **謂仲弓曰 犁牛之子**ㅣ **騂且角**이면 **雖欲**
   자 위중궁왈 리우지자   성차각   수욕

勿用이나 **山川**은 **其舍諸**아?
물용   산천   기사저

⑤ **子**ㅣ **曰 回也**는 **其心**이 **三月不違仁**이요 **其餘**
   자 왈 회야   기심   삼월불위인   기여

則日月至焉而已矣니라.
즉일월지언이이의

⑥ **季康子**ㅣ **問 仲由는 可使從政也與**잇가?
   계강자   문 중유   가사종정야여

子ㅣ **曰 由也는 果**하니 **於從政乎**에 **何有**리오!
자 왈 유야   과   어종정호   하유

曰 賜也는 可使從政也與잇가?
왈 사야   가사종정야여

曰 賜也는 達하니 **於從政乎**에 **何有**리오!
왈 사야 달   어종정호   하유

- 염자가 곡식 다섯 병(16섬)을 주자, 공자께서 말씀하였다. "적이 제나라에 갈 때에 살찐 말을 타고 가벼운 갖옷을 입었다. 나는 들으니 '군자는 위급한 자를 도와주고 부유한 자를 더 주지 않는다'고 하였다."
- 원사가 (공자의) 재가 되었는데, (재의 녹봉으로) 곡식 9백을 주자 사양하였다. 공자께서 말씀하였다. "사양하지 말고, 너의 이웃집과 마을 및 향당에 주어라."

> 宰 : 춘추시대 각 제후의 대부 밑에서 벼슬을 하던 사람. 家臣이라고도 한다.

④ 공자께서 중궁을 논평하셨다. "얼룩소 새끼가 빛이 붉고 또 뿔이 단정하면, 비록 (사람들이 제물로) 쓰지 않고자 하나 산천(의 神)이 그것을 버리겠는가?"

> 犁 : 얼룩소 리. 騂 : 붉을 성. 舍 : 버릴 사(≒捨)

⑤ 공자께서 말씀하셨다. "안회는 그 마음이 석 달 동안 인을 어기지 않았고, 그 나머지 제자들은 하루나 한 달에 한번 인에 이를 뿐이다."

⑥ 계강자가 물었다. "중유(자로)는 정사에 종사하게 할 만합니까?"
- 공자께서 말씀하셨다. "유는 과단성이 있으니 정사에 종사하는데 무엇이 어렵겠는가!"
- 계강자가 물었다. "사(자공)는 정사에 종사하게 할 만합니까?"
- 공자께서 말씀하셨다. "사는 사리에 통달했으니 정사에 종사하는데 무엇이 어렵겠는가!"

曰 求也는 可使從政也與잇가?
왈 구야　가사종정야여

曰 求也는 藝하니 於從政乎에 何有리오!
왈 구야　예　어종정호　하유

⑦ 季氏│使閔子騫으로 爲費宰한대 閔子騫이 曰
계씨　사민자건　위비재　민자건　왈

善爲我辭焉하라. 如有復我者인댄 則吾│必
선위아사언　여유부아자　즉오 필

在汶上矣로리라.
재문상의

⑧ 伯牛│有疾이어늘 子│問之하실새 自牖로 執其
백우 유질　자 문지　자유　집기

手曰亡之러니 命矣夫라! 斯人也│而有斯疾
수왈무지　명의부　사인야　이유사질

也할셔! 斯人也│而有斯疾也할셔!
야　사인야　이유사질야

⑨ 子│曰賢哉라! 回也여! 一簞食와 一瓢飮으로
자　왈현재　회야　일단사　일표음

在陋巷을 人不堪其憂어늘 回也│不改其樂
재루항　인불감기우　회야 불개기락

하니 賢哉라! 回也여!
　　현재　회야

⑩ 冉求│曰 非不說子之道언마는 力不足也로이다.
염구　왈 비불열자지도　　　역부족야

子│曰 力不足者는 中道而廢하나니 今女는
자　왈 역부족자　중도이폐　　　금녀

- 계강자가 말하였다. "구(염구)는 정사에 종사하게 할 만합니까?"
- 공자께서 말씀하셨다. "구는 재능이 많으니 정사에 종사하는 데 무슨 어려움이 있겠는가!" 하셨다.

⑦ 계씨가 민자건을 비(費)고을의 재를 삼고자 하니, 민자건이 말하였다. "나를 위해 잘 말하라. 만일 다시 부르러 온다면, 내 반드시 (노나라를 떠나) 제나라의 문수 가에 있겠다."

⑧ 백우가 병에 걸리자, 공자께서 문병하실 때 창문으로부터 그의 손을 잡고 말씀하셨다. "이런 일이 있을 리가 없는데, 명이구나! 이 사람이 이 병에 걸렸으니! 이 사람이 이 병에 걸렸으니!"

⑨ 공자께서 말씀하셨다. "어질다. 안회여! 한 대그릇의 밥을 먹고 한 표주박의 물을 마시고서 누추한 거리에서 사는 것에 대하여 사람들은 그 근심을 견디지 못하는데, 안회는 그 즐거움을 고치지 않으니 어질다. 안회여!"

| 簞 : 대광주리 단.   瓢 : 박 표, 바가지 표.   陋 : 더러울 루.
| 堪 : 견딜 감.

⑩ 염구(염유)가 말하였다. "선생님의 도를 좋아하지 않는 것은 아니지만, 힘이 부족합니다."
- 공자께서 말씀하셨다. "힘이 부족한 자는 (실현하다가) 중도에 그만두는데, 지금 너는 스스로 한계를 긋는 것이다."

畫이로다.

⑪ 子ㅣ 謂子夏曰 女爲君子儒요 無爲小人儒하라.

⑫ 子游ㅣ 爲武城宰러니 子ㅣ 曰 女ㅣ 得人焉爾乎아? 曰 有澹臺滅明者하니 行不由徑하며 非公事어든 未嘗至於偃之室也하나니이다.

⑬ 子ㅣ 曰 孟之反은 不伐이로다. 奔而殿하야 將入門할새 策其馬曰 非敢後也라 馬不進也라하나니라

⑭ 子ㅣ 曰 不有祝鮀之佞이며 而有宋朝之美면 難乎免於今之世矣니라.

⑮ 子ㅣ 曰 誰能出不由戶리오마는 何莫由斯道也오?

⑯ 子ㅣ 曰 質勝文則野요 文勝質則史니 文質이

⑪ 공자께서 자하에게 말씀하셨다. "너는 군자선비가 되고 소인선비가 되지 말라."

⑫ 자유(언언)가 무성의 재가 되자, 공자께서 말씀하셨다. "너는 사람을 얻었느냐?"
* 자유가 대답하였다. "담대멸명(자우)이라는 자가 있는데, 다닐 때에 지름길로 가지 않으며, 공적인 일이 아니면 저의 집에 온 적이 없습니다."
▌徑 : 지름길 경. 偃 : 쓰러질 언, 여기서는 자유의 이름.

⑬ 공자께서 말씀하셨다. "맹지반은 자랑하지 않는구나. 패하여 달아날 때 뒤에 있다가, 도성문에 이르렀을 때 그 말을 채찍질하여 말하기를 '감히 (용감해서) 뒤에 있으려 했던 것이 아니라 말이 나아가지 아니 하였다' 라고 하였다."
▌殿 : 군대의 후미 전.

⑭ 공자께서 말씀하셨다. "축관인 타의 말재주를 갖고 송나라 공자 조의 아름다움을 갖지 아니하면, 오늘날의 세상에서는 미움 받기를 면하기 어렵다." ▌祝 : 종묘의 관원 축. 鮀 : 모래무지 타. 衛나라 대부 子魚를 이름.

⑮ 공자께서 말씀하셨다. "누가 나갈 때 문을 경유하지 않겠는가? 그런데 어찌 이 도를 따르지 않는가?"

⑯ 공자께서 말씀하셨다. "바탕이 꾸밈을 이기면 거칠고, 꾸밈이 바탕을 이기면 겉치레만 꾸민 것이니, 꾸밈과 바탕이

彬彬然後에 君子니라.
빈빈연후 군자

⑰ 子ㅣ 曰 人之生也ㅣ 直하니
자 왈 인지생야 직

罔之生也는 幸而免이니라.
망지생야 행이면

⑱ 子ㅣ 曰 知之者ㅣ 不如好之者요
자 왈 지지자 불여호지자

好之者ㅣ 不如樂之者니라.
호지자 불여낙지자

⑲ 子ㅣ 曰 中人以上은 可以語上也어니와
자 왈 중인이상 가이어상야

中人以下는 不可以語上也니라.
중인이하 불가이어상야

⑳ 樊遲ㅣ 問知한대 子ㅣ 曰 務民之義요 敬鬼神
번지 문지 자 왈 무민지의 경귀신

而遠之면 可謂知矣니라.
이원지 가위지의

問仁한대 曰 仁者는 先難而後獲이면 可謂仁
문인 왈 인자 선난이후획 가위인

矣니라.
의

㉑ 子ㅣ 曰 知者는 樂水하고 仁者는 樂山이니
자 왈 지자 요수 인자 요산

知者는 動하고 仁者는 靜하며
지자 동 인자 정

어우러진 다음에야 군자이다."

▎彬彬 : 물건이 적당히 잘 섞인 모양(斑斑)

⑰ 공자께서 말씀하셨다. "사람의 삶이 곧은 것이니, 곧지 아니하고도 사는 것은 요행히 (죽음을) 면한 것이다."

▎罔 : 그물질 할 망(≒網 : 속일 망).

⑱ 공자께서 말씀하셨다. "도를 아는 자가 도를 좋아하는 자만 못하고, 도를 좋아하는 자가 도를 즐거워하는 자만 못하다."

⑲ 공자께서 말씀하셨다. "중등 이상의 사람에게는 높은 것을 말해줄 수 있겠으나, 중등 이하의 사람에게는 높은 것을 말하지 못하는 것이다."

⑳ 번지가 지에 대하여 묻자, 공자께서 말씀하셨다. "백성의 의리에 힘쓰고 귀신을 공경하면서도 멀리하면 지라고 말할 수 있을 것이다."
- 인에 대하여 묻자, 공자께서 말씀하셨다.
- "인한 자가 어려움을 우선으로 하고 얻음을 뒤에 하면, 인이라고 말할 수 있을 것이다."

㉑ 공자께서 말씀하였다. "지자는 물을 좋아하고 인자는 산을 좋아하니, 지자는 동적이고 인자는 정적이며, 지자는 즐거워하고 인자는 장수한다."

知者는 樂하고 仁者는 壽니라.
지자 낙 인자 수

㉒ 子ㅣ 曰 齊一變이면 至於魯하고 魯一變이면 至
자 왈 제일변 지어로 노일변 지

於道니라.
어도

㉓ 子ㅣ 曰 觚ㅣ 不觚면 觚哉 觚哉아?
자 왈 고 불고 고재 고재

㉔ 宰我ㅣ 問曰 仁者는 雖告之曰 井有仁(人)
재아 문왈 인자 수고지왈 정유 인

焉이라도 其從之也로소이다.
언 기종지야

子ㅣ 曰 何爲其然也리오? 君子는 可逝也언정
자 왈 하위기연야 군자 가서야

不可陷也며 可欺也언정 不可罔也니라.
불가함야 가기야 불가망야

㉕ 子ㅣ 曰 君子ㅣ 博學於文이요 約之以禮면 亦
자 왈 군자 박학어문 약지이례 역

可以弗畔矣夫인져!
가이불반의부

㉖ 子ㅣ 見南子하신대 子路ㅣ 不說이어늘 夫子ㅣ 矢
자 견남자 자로 불열 부자 시

之曰 予所否者인댄 天厭之 天厭之시리라.
지왈 여소부자 천염지 천염지

㉗ 子ㅣ 曰 中庸之爲德也ㅣ 其至矣乎인져! 民
자 왈 중용지위덕야 기지의호 민

㉒ 공자께서 말씀하셨다. "제나라가 한 번 변하면 노나라에 이르고, 노나라가 한 번 변하면 도에 이를 것이다."

㉓ 공자께서 말씀하셨다. "모난 그릇이 모가 나지 않았으면 모난 그릇이겠는가? 모난 그릇이겠는가?"
▎觚 : 네모난 술잔 고.

㉔ 재아가 물었다. "인자는 비록 우물에 사람이 빠졌다고 말해도, 우물로 따라 들어갈 것입니다."
* 공자께서 말씀하셨다. "어찌 그렇겠는가? 군자는 가도록 할 수는 있지만 빠지도록 할 수는 없으며, 그럴듯하게는 속일 수 있으나 엉터리로는 속이지 못하는 것이다."

㉕ 공자께서 말씀하셨다. "군자가 글을 널리 배우고 예로써 요약하면, 또한 도에 어긋나지 않을 것이다."
▎畔 : 배반할 반.

㉖ 공자께서 남자를 만나시자, 자로가 기뻐하지 않았다. 공자께서 맹세하여 말씀하셨다. "내 맹세코 잘못 하였다면 하늘이 싫어하실 것이다! 하늘이 싫어하실 것이다!"

㉗ 공자께서 말씀하셨다. "중용의 덕이 지극하구나! 할 수 있는 백성이 적어진 지 오래되었다."

鮮이 久矣니라.
선 구의

㉘ 子貢이 曰 如有博施於民而能濟衆혼댄 何如
자공 왈 여유박시어민이능제중 하여
하니잇고? 可謂仁乎잇가?
가위인호

子ㅣ 曰 何事於仁이리오? 必也聖乎인져! 堯舜도
자 왈 하사어인 필야성호 요순
其猶病諸시니라. 夫仁者는 己欲立而立人하며
기유병저 부인자 기욕립이입인
己欲達而達人이니라. 能近取譬면 可謂仁之方
기욕달이달인 능근취비 가위인지방
也已니라.
야이

㉚ 자공이 말하였다. "만일 백성에게 널리 베풀어서 많은 사람을 구제하면 어떻습니까? 인하다고 말할 수 있습니까?"
• 공자께서 말씀하셨다. "어찌 인을 일삼는 정도이겠는가? 반드시 성인일 것이다. 요·순도 오히려 (백성을 다 구제하지 못함을) 부족하게 여기셨다. 인자는 자기가 서고자 하면 남을 서게 하며, 자기가 통달하고자 하면 남을 통달하게 한다. 가까운(자기 자신) 데서 취하여 (타인에게) 비유할 수 있으면 인의 방법이라고 말할 수 있을 것이다."

【7】述而

① 子ㅣ 曰 述而不作하며 信而好古를 竊比於我
   자   왈 술이부작   신이호고   절비어아

   老彭하노라.
   노 팽

② 子ㅣ 曰 默而識之하며 學而不厭하며 誨人不
   자   왈 묵이지지   학이불염   회인불

   倦이 何有於我哉오?
   권   하유어아재

③ 子ㅣ 曰 德之不修와 學之不講과 聞義不能
   자   왈 덕지불수   학지불강   문의불능

   徙하며 不善不能改ㅣ 是吾憂也니라.
   사   불선불능개   시오우야

④ 子之燕居에 申申如也하시며 夭夭如也러시다.
   자지연거   신신여야   요요여야

⑤ 子ㅣ 曰 甚矣라! 吾衰也여! 久矣라!
   자   왈 심의   오쇠야   구의

   吾不復夢見周公이로다!
   오불부몽견주공

⑥ 子ㅣ 曰 志於道하며 據於德하며 依於仁하며 游
   자   왈 지어도   거어덕   의어인   유

   於藝니라.
   어예

【7】 술 이 (총 37장)

① 공자께서 말씀하셨다. "전술하고 창작은 하지 않으며 옛것을 믿고 좋아함을, 가만히 우리 노팽에게 비교해 본다."
▌竊 : 가만히 절. 老彭 : 商나라의 대부.

② 공자께서 말씀하셨다. "묵묵히 기록하며, 배움을 싫어하지 않으며, 사람 가르치기를 게을리 하지 않는 것이 무엇이 내게 있겠는가?"
▌識 : 기록할 지. 倦 : 게으를 권.

③ 공자께서 말씀하셨다. "덕을 닦지 못한 것, 배움을 강구하지 못한 것과 의를 듣고 옮기지 못하며 착하지 못함을 고치지 못한 것, 이것이 나의 근심이다."
▌徙 : 옮길 사.

④ 공자께서 평소 거처하실 적에 편안한 듯 하시며 기쁜 듯 하셨다. ▌燕居 : 일이 없어 한가하게 거처함. 申申 : 얼굴이 활짝 핌. 夭夭 : 얼굴빛을 온화하게 함.

⑤ 공자께서 말씀하셨다. "심하구나. 나의 쇠함이여! 오래되었구나! 내가 다시 꿈에 주공을 보지 못함이여!"

⑥ 공자께서 말씀하셨다. "도에 뜻을 두며, 덕에 의거하며, 인에 의지하며, 예에 노닐어야 한다."

⑦ 子ㅣ 曰 自行束脩以上은 吾未嘗無誨焉이로라.
　　자　왈　자행속수이상　　오미상무회언

⑧ 子ㅣ 曰 不憤이어든 不啓하며 不悱어든 不發호대
　　자　왈 불분　　　불계　　　불비　　불발

　擧一隅에 不以三隅反이어든 則不復也니라.
　거일우　불이삼우반　　　즉불부야

⑨ 子ㅣ 食於有喪者之側에 未嘗飽也러시다.
　　자　식어유상자지측　미상포야

　子ㅣ 於是日에 哭則不歌러시다.
　　자　어시일　곡즉불가

⑩ 子ㅣ 謂顔淵曰 用之則行하고 舍之則藏을 惟
　　자　위안연왈　용지즉행　　사지즉장　유

　我與爾ㅣ 有是夫인저!
　아여이　유시부

　子路ㅣ 曰 子ㅣ 行三軍則誰與시리잇고?
　자로　왈　자　행삼군즉수여

　子ㅣ 曰 暴虎馮河하야 死而無悔者를 吾不與
　　자　왈 포호빙하　　　사이무회자　오불여

　也니 必也臨事而懼하며 好謀而成者也니라.
　야　필야임사이구　　호모이성자야

⑪ 子ㅣ 曰 富而可求也인댄 雖執鞭之士라도 吾
　　자　왈 부이가구야　　　수집편지사　　오

　亦爲之어니와 如不可求인댄 從吾所好호리라.
　역위지　　　여불가구　　종오소호

⑫ 子之所愼은 齊戰疾이러시다.
　자지소신　재전질

⑦ 공자께서 말씀하셨다. "속수의 예를 행한 자로부터 그 이상은 내가 일찍이 가르치지 않은 적이 없었다."

■ 束 : 10개 묶음 속. 修 : 말린 고기 수(=脯). 誨 : 가르칠 회.

⑧ 공자께서 말씀하셨다. "마음속으로 통하려고 애태우지 않으면 열어 보여주지 않으며, 말하려고 애태우지 않으면 말해 주지 않되, 한 모퉁이를 들어주었는데 남은 세 모퉁이를 증명하지 못하면 다시 말해 주지 않는다."

■ 憤 : 결낼 분. 悱 : 표현 못할 비.

⑨ 공자께서는 상사가 있는 자의 곁에서 식사하실 때 배부르게 먹지 않으셨다.

• 공자께서는 곡을 하신 날에는 노래하지 않으셨다.

⑩ 공자께서 안연에게 말씀하셨다. "등용해주면 도를 행하고 등용하지 않으면 은둔하는 것을, 오직 나와 네가 할 수 있을 것이다."

• 자로가 말하였다. "선생님께서 삼군을 통솔하신다면 누구와 함께 하시겠습니까?"

• 공자께서 말씀하셨다. "범을 맨손으로 때려잡으며 강을 맨발로 건너다가 죽어도 뉘우침이 없는 자와는 내가 함께 하지 않을 것이니, 반드시 일에 임하여 두려워하며, 꾀함을 좋아하여 성공하는 자와 함께 할 것이다."

■ 暴 : 맨 손으로 칠 포. 馮 : 도보로 건널 빙.

⑪ 공자께서 말씀하셨다. "부유함을 구할 수 있다면 비록 채찍을 잡는 사람이라도 내가 또한 하겠지만, 만일 구할 수 없다면 내가 좋아하는 것을 따르겠다."

⑫ 공자께서 삼가시는 것은 재계와 전쟁과 질병이었다.

■ 齊 : 재계할 재(=齋).

⑬ 子ㅣ 在齊聞韶하시고 三月을 不知肉味하사 曰
자 재제문소 삼월 부지육미 왈

不圖爲樂之至於斯也호라.
부도위악지지어사야

⑭ 冉有ㅣ 曰夫子ㅣ 爲衛君乎아?
염유 왈부자 위위군호

子貢이 曰諾다. 吾將問之호리라.
자공 왈낙 오장문지

入曰 伯夷·叔齊는 何人也잇고?
입왈 백이 숙제 하인야

曰 古之賢人也니라.
왈 고지현인야

曰 怨乎잇가? 曰 求仁而得仁이어니 又何怨이리오?
왈 원호 왈 구인이득인 우하원

出曰 夫子ㅣ 不爲也시리러라.
출왈 부자 불위야

⑮ 子ㅣ 曰 飯疏食飮水하고 曲肱而枕之라도 樂
자 왈 반소사음수 곡굉이침지 낙

亦在其中矣니 不義而富且貴는 於我에 如浮
역재기중의 불의이부차귀 어아 여부

雲이니라.
운

⑯ 子ㅣ 曰 加我數年하야 五十以學易이면 可以
자 왈 가아수년 오십(졸)이학역 가이

無大過矣리라.
무대과의

⑬ 공자께서 제나라에 계실 때 소를 들으시고, (배우신 뒤로) 석 달 동안 고기 맛을 알지 못하시고 말씀하셨다. "음악이 이에 이를 줄 생각하지 못했다."

⑭ 염유가 말하였다. "선생님께서 위나라 임금을 위해 일하실까?"
* 자공이 말하였다. "좋다. 내 장차 물어보겠다."
* 들어가서 말하였다. "백이와 숙제는 어떤 사람입니까?"
* 공자께서 말씀하셨다. "예전의 현인이시다."
* 자공이 말하였다. "후회하였습니까?"
* 공자께서 말씀하셨다. "인을 구하여 인을 얻었으니 또 어찌 후회하였겠는가?"
* 자공이 나와서 말하였다. "선생님께서는 그를 위해 일하지 않으실 것이다."

⑮ 공자께서 말씀하셨다. "거친 밥을 먹고 물을 마시고, 팔을 굽혀 베개를 삼을지라도 즐거움이 또한 그 가운데 있으니, 의롭지 않으면서 부유하고 귀한 것은 나에게 뜬구름과 같으니라."

┃食 : 밥 사. 肱 : 팔뚝 굉. 枕 : 베개 침.

⑯ 공자께서 말씀하셨다. "내게 두어 해를 빌려주어 마침내 (50 대연수로써, 50년 동안을 더) 역을 배우게 한다면 큰 허물(大過괘의 운수가)이 없을 것이다."

┃주자는 '加'를 '假'로 '五十'을 '卒'자로 봄.

⑰ 子所雅言은 詩書執禮ㅣ 皆雅言也러시다.
자소아언　시서집례　개아언야

⑱ 葉公이 問孔子於子路어늘 子路ㅣ 不對한대
섭공　문공자어자로　　자로　부대

子ㅣ 曰女는 奚不曰 其爲人也ㅣ 發憤忘食
자　왈여　해불왈 기위인야　발분망식

하며 樂以忘憂하야 不知老之將至云爾오?
　　낙이망우　　　부지노지장지운이

⑲ 子ㅣ 曰 我非生而知之者라 好古敏以求之
자　왈 아비생이지지자　호고민이구지

者也로라.
자야

⑳ 子ㅣ 不語怪力亂神이러시다.
자　불어괴력난신

㉑ 子ㅣ 曰 三人行에 必有我師焉이니 擇其善者
자　왈 삼인행　필유아사언　　택기선자

而從之오 其不善者而改之니라.
이종지　기불선자이개지

㉒ 子ㅣ 曰 天生德於予시니 桓魋ㅣ 其如予何리오?
자　왈 천생덕어여　　환퇴　기여여하

㉓ 子ㅣ 曰 二三子는 以我爲隐乎아? 吾無隐乎
자　왈 이삼자　이아위은호　　오무은호

爾로라. 吾無行而不與二三子者ㅣ 是丘也니라.
이　　　오무행이불여이삼자자　시(구)야

㉔ 子ㅣ 以四教하시니 文行忠信이니라.
자　이사교　　　　문행충신

⑰ 공자께서 항상 말씀하시는 것은 시詩와 서書와 예를 행하는 것이었으니, 모두 항상 하시는 말씀이셨다.

⑱ 섭공이 공자에 대하여 자로에게 물었는데, 자로가 대답하지 않았다.

• 공자께서 말씀하셨다. "너는 어찌 그의 사람됨이 (진리를 깨치지 못하면) 분발하여 먹기를 잊으며, (깨치면) 즐거워하여 근심을 잊어서, 늙음이 장차 이르게 되는 것도 알지 못한다고 말하지 않았는가?"

⑲ 공자께서 말씀하셨다. "나는 나면서부터 아는 자가 아니라, 옛것을 좋게 여겨 민첩하게 구하는 자이다."

⑳ 공자께서는 괴이함과 힘과 패란의 일과 귀신을 말씀하시지 않으셨다.

㉑ 공자께서 말씀하셨다. "세 사람이 갈 때에는 반드시 내 스승이 있으니, (그 중에서) 어진 사람을 가려서 좇고, 어질지 아니한 사람을 가려 나의 잘못을 고쳐야 한다."

㉒ 공자께서 말씀하셨다. "하늘이 덕을 내게 주셨으니, 환퇴가 나에게 어찌 하겠는가?"

㉓ 공자께서 말씀하셨다. "너희들은 내가 숨긴다고 여기느냐? 내 너희에게 숨긴 것이 없노라. 내가 행하고서 그대들에게 보이지 아니함이 없는 자가 바로 나이다."

㉔ 공자께서는 네 가지로써 가르치셨으니, 문文·행行·충忠·신信이다.

㉕ 子ㅣ 曰 聖人을 吾不得而見之矣어든 得見君
자 왈 성인 오부득이견지의 득견군

子者면 斯可矣니라.
자자 사가의

子ㅣ 曰 善人을 吾不得而見之矣어든 得見有
자 왈 선인 오부득이견지의 득견유

恒者면 斯可矣니라. 亡而爲有하며 虛而爲盈하며
항자 사가의 무이위유 허이위영

約而爲泰면 難乎有恒矣니라.
약이위태 난호유항의

㉖ 子는 釣而不綱하시며 弋不射宿이러시다.
자 조이불강 익불석숙

㉗ 子ㅣ 曰 蓋有不知而作之者아? 我無是也로라.
자 왈 개유부지이작지자 아무시야

多聞하야 擇其善者而從之하며 多見而識之ㅣ
다문 택기선자이종지 다견이지지

知之次也니라.
지지차야

㉘ 互鄕은 難與言이러니 童子ㅣ 見커늘 門人이 惑한대
호향 난여언 동자현 문인 혹

子ㅣ 曰 人이 潔己以進이어든 與其潔也요 不保
자 왈 인 결기이진 여기결야 불보

其往也며 與其進也요 不與其退也니 唯何甚
기왕야 여기진야 불여기퇴야 유하심

이리오?

㉕ 공자께서 말씀하셨다. "성인을 내가 보지 못하거든, 군자라도 만나보면 된다."
* 공자께서 말씀하셨다. "착한 사람을 내가 볼 수 없거든, 항상함이 있는 사람이라도 만나보면 된다. 없으면서 있는 체하며, 비었으면서 차 있는 체하며, 어려우면서도 편안한 체하면, 항상함이 있기 어렵다."

㉖ 공자께서는 낚시질은 하시되 그물질은 하지 않으셨으며, 주살질은 하시되 잠자는 새를 쏘아 잡지는 아니하셨다.
┃ 釣 : 낚시질 할 조. 綱 : 그물질 할 강. 弋 : 주살 익.

㉗ 공자께서 말씀하셨다. "알지 못하고 행하는 사람이 있느냐? 나는 그런 것이 없노라. 많이 들어서 그 착한 것을 가려서 좇으며, 많이 보아서 기억함이, 아는 것의 다음이니라."

㉘ 호향 사람과는 더불어 말하기 어려웠는데, (호향의) 동자가 뵙거늘 문인들이 의심하였다.
* 공자께서 말씀하셨다. "사람이 몸을 청결하게 해서 찾아오거든 그 청결함을 인정하고 전날에 한 일을 보장하지 않으며, 나와서 한 일을 인정하고 물러나서 한 일을 인정하지 않는 것이니 어찌 심하게 하겠는가?"
┃ 원문에 괄호친 부분은 착간이 있었던 곳인데, 주자집주에 의거하여 순서를 고쳐 놓았다.

㉙ 子ㅣ 曰 仁遠乎哉아? 我欲仁이면 斯仁이 至矣
자 왈 인원호재 아욕인 사인 지의
니라.

㉚ 陳司敗ㅣ 問昭公이 知禮乎잇가?
진사패 문소공 지례호

孔子ㅣ 曰 知禮시니라. 孔子ㅣ 退커시늘 揖巫馬期
공자 왈 지례 공자 퇴 읍무마기

而進之曰 吾聞君子는 不黨이라하니 君子도 亦
이진지왈 오문군자 부당 군자 역

黨乎아? 君이 取於吳하니 爲同姓이라. 謂之吳
당호 군 취어오 위동성 위지오

孟子라하니 君而知禮면 孰不知禮리오?
맹자 군이지례 숙부지례

巫馬期ㅣ 以告한대 子ㅣ 曰 丘也ㅣ 幸이로다.
무마기 이고 자 왈 (구)야 행

苟有過어든 人必知之온여!
구유과 인필지지

㉛ 子ㅣ 與人歌而善이어든 必使反之하시고 而後
자 여인가이선 필사반지 이후

和之러시다.
화지

㉜ 子ㅣ 曰 文莫吾猶人也아? 躬行君子는 則吾ㅣ
자 왈 문막오유인야 궁행군자 즉오

未之有得호라.
미지유득

㉙ 공자께서 말씀하셨다. "인이 멀리 있는 것이냐? 내가 인을 하고자 하면 곧 인이 이르느니라."

㉚ 진나라 사패(사구:형벌과 치안담당 벼슬)가 물었다. "소공이 예를 아셨습니까?"
* 공자께서 말씀하셨다. "예를 아셨습니다."
* 공자께서 물러나가시자, 사패가 무마기에게 읍하며 나와 말하였다. "나는 들으니 군자는 편을 들지 않는다고 하였는데, 군자도 편을 듭니까? 임금이 오나라에 장가를 들었는데, 동성이므로 (동성인 것을 감추려고 부인을) '오맹자'라 한 것이니, 임금이 예를 안다면 누가 예를 알지 못하겠습니까?"
* 무마기가 이것을 아뢰자, 공자께서 말씀하셨다. "나는 다행이로다. (내게) 허물이 있으면 사람들이 반드시 아는구나!"

㉛ 공자께서는 남과 함께 노래를 할 때에 잘하면, 반드시 다시 부르게 하시고 뒤에 화답노래를 하셨다.

㉜ 공자께서 말씀하셨다. "문文은 내가 다른 사람과 같지 않겠는가? 그러나 군자의 도를 몸소 행하는 것은 내가 아직 얻지 못했다."

㉝ 子ㅣ 曰 若聖與仁은 則吾豈敢이리오? 抑爲之
　자　왈　약성여인　　즉오기감　　　　억위지

不厭하며 誨人不倦은 則可謂云爾已矣니라.
불염　　　회인불권　　즉가위운이이의

公西華ㅣ 曰 正唯弟子ㅣ 不能學也로소이다.
공서화　　왈 정유제자　　불능학야

㉞ 子ㅣ 疾病이어시늘 子路ㅣ 請禱한대 子ㅣ 曰 有諸
　자　질병　　　　　자로　청도　　　자　왈 유저

아? 子路ㅣ 對曰 有之하니 誄에 曰 禱爾于上下
　　자로　　대왈 유지　　뢰　왈 도이우상하

神祇라하도소이다. 子ㅣ 曰 丘之禱ㅣ 久矣니라.
신기　　　　　　자　왈 (구)지도　구의

㉟ 子ㅣ 曰 奢則不孫하고 儉則固니 與其不孫也
　자　왈 사즉불손　　　검즉고　　여기불손야

론 寧固니라.
　영고

㊱ 子ㅣ 曰 君子는 坦蕩蕩이요 小人은 長戚戚이니라.
　자　왈 군자　　탄탕탕　　　소인　　장척척

㊲ 子는 溫而厲하시며 威而不猛하시며 恭而安이러시다.
　자　온이려　　　　위이불맹　　　　공이안

㉝ 공자께서 말씀하셨다. "성聖과 인仁으로 말하면 내 어찌 감히 자처하겠는가? 그렇지만 행함을 싫어하지 않으며, 사람 가르치는 것을 게을리 아니함은 곧 그렇다고 말할 수 있을 뿐이다."
* 공서화가 말하였다. "바로 저희 제자들이 배울 수 없는 것입니다."

㉞ 공자께서 병이 심하시거늘, 자로가 기도를 청하자, 공자께서 말씀하셨다. "이런 이치가 있는가?"
* 자로가 말하였다. "있습니다. 뇌문(죽은 자를 애도하면서 그의 행적을 서술한 글)에 '너를 위해 상하의 귀신에게 빌었다.'고 하였습니다."
* 공자께서 말씀하셨다. "나의 기도함이 오래되었다."

㉟ 공자께서 말씀하셨다. "사치하면 공손하지 않고 검소하면 고루하니, 공손하지 않은 것보다는 차라리 고루한 것이 낫다."

㊱ 공자께서 말씀하셨다. "군자는 평평해서 너그럽고 넓으며, 소인은 항상 근심한다."

坦 : 평평할 탄. 荡 : 넓을 탕. 坦荡荡 : 心廣體胖. 戚 : 근심할 척.

㊲ 공자께서는 온화하면서도 엄숙하시며, 위엄이 있으면서도 사납지 않으시며, 공손하면서도 편안하셨다.

【8】泰伯

① 子ㅣ 曰 泰伯은 其可謂至德也已矣로다.
자 왈 태백 기가위지덕야이의

三以天下讓호대 民無得而稱焉이온여!
삼이천하양 민무득이칭언

② 子ㅣ 曰 恭而無禮則勞하고 愼而無禮則葸하고
자 왈 공이무례즉로 신이무례즉시

勇而無禮則亂하고 直而無禮則絞니라.
용이무례즉란 직이무례즉교

君子ㅣ 篤於親則民興於仁하고 故舊를 不遺
군자 독어친즉민흥어인 고구 불유

則民不偸니라.
즉민불투

③ 曾子ㅣ 有疾하사 召門弟子曰 啓予足하며 啓
증자 유질 소문제자왈 계여족 계

予手하라. 詩云 戰戰兢兢하야 如臨深淵하며
여수 시운 전전긍긍 여림심연

如履薄冰이라하니 而今而後에야 吾知免夫와라.
여리박빙 이금이후 오지면부

小子아!
소자

④ 曾子ㅣ 有疾이어시늘 孟敬子ㅣ 問之러니
증자 유질 맹경자 문지

【8】태 백 (총 21장)

① 공자께서 말씀하셨다. "태백은 지극한 덕을 가진 사람이라고 말할 만하다. 세 번 천하를 양보하였으나 백성들이 (양보한 사실을 몰라서) 칭송할 수 없게 하였다."

② 공자께서 말씀하셨다. "공손하면서 예가 없으면 수고롭고, 삼가하면서 예가 없으면 두려워하고, 용감하면서 예가 없으면 혼란스럽고, 강직하면서 예가 없으면 너무 급하다. 군자가 친척에게 후하게 대하면 백성들은 인에 흥기하고, 오래 사귄 사람을 버리지 않으면 백성들이 각박해지지 않는다."

> 葸 : 두려워할 시. 絞 : 급하고 너그럽지 못할 교, 목 맬 교.
> 偸 : 각박할 투(≒ 薄).

③ 증자가 병이 들자, 제자들을 불러 말하였다. "나의 발을 꺼내 보고 나의 손을 꺼내 보아라. 『시경』에 이르기를 '두려워하고 삼가서, 깊은 못을 지나듯 하고, 엷은 얼음을 밟듯이 하라.' 하였으니, 이제서야 나는 (부모님이 주신 몸을 다치고 상하는 근심에서) 벗어났음을 알겠구나. 제자들아!"

> 『시경·小雅·小旻』不敢暴虎 不敢馮河 人知其一 莫知其他 戰戰兢兢 如臨深淵 如履薄冰

④ 증자가 병이 들자 맹경자가 문병을 왔더니, 증자가 말하였다.

曾子│言曰 鳥之將死에 其鳴也│哀하고
증자 언왈 조지장사 기명야 애

人之將死에 其言也│善이니라.
인지장사 기언야 선

君子│所貴乎道者│三이니 動容貌에 斯遠暴
군자 소귀호도자 삼 동용모 사원포

慢矣며 正顔色에 斯近信矣며 出辭氣에 斯遠
만의 정안색 사근신의 출사기 사원

鄙倍矣니 籩豆之事則 有司│存이니라.
비패의 변두지사즉 유사 존

⑤ 曾子│曰 以能으로 問於不能하며 以多로 問
증자 왈 이능 문어불능 이다 문

於寡하며 有若無하며 實若虛하며 犯而不校를
어과 유약무 실약허 범이불교

昔者吾友│嘗從事於斯矣러니라.
석자오우 상종사어사의

⑥ 曾子│曰 可以託六尺之孤하며 可以寄百里
증자 왈 가이탁육척지고 가이기백리

之命이요 臨大節而不可奪也면 君子人與아?
지명 임대절이불가탈야 군자인여

君子人也니라.
군자인야

⑦ 曾子│曰 士不可以不弘毅니 任重而道遠
증자 왈 사불가이불홍의 임중이도원

이니라. 仁以爲己任이니 不亦重乎아?
인이위기임 불역중호

"새가 장차 죽을 때에는 울음소리가 슬프고, 사람이 장차 죽을 때에는 그 말이 착한 법이다.

군자가 도에 대하여 귀하게 여기는 것이 세 가지 있으니, 용모를 움직일 때에는 사나움과 태만함을 멀리하며, 얼굴빛을 바르게 할 때에는 신실함에 가깝게 하며, 말과 소리를 낼 때에는 비루함과 도리에 위배되는 것을 멀리하여야 한다. 제기를 다루는 (소소한) 일은 유사(담당하는 사람)가 있어서 하는 것이다."

▮鄙 : 비루할 비. 倍 : 위배할 패(=背). 籩 : 대나무 제기 변. 豆 : 나무 제기 두.

⑤ 증자가 말씀하였다. "능하면서 능하지 못한 이에게 물으며, 학식이 많으면서 적은 이에게 물으며, 있어도 없는 것 같고, 꽉 차 있어도 빈 것 같으며, 자신을 범하여도 따지지 않는 것을, 옛적에 내 벗(안연)이 이 일에 종사하였었다."

▮校 : 견주어 볼 교(=較).

⑥ 증자가 말하였다. "여섯 척의 어린 임금을 맡길 만하고, 백리 되는 국가의 운명을 부탁할 만하며, 큰 절개에 임해서 빼앗을 수 없다면, 군자다운 사람인가? 군자다운 사람이다."

⑦ 증자가 말하였다. "선비는 넓고 굳세지 않지 못할 것이니, 짐이 무겁고 길이 멀기 때문이다. 인으로써 자기의 짐으로 삼으니 또한 무겁지 아니한가? 죽은 뒤에라야 끝나니 또한 멀지 않은가?" ▮毅 : 굳셀 의.

死而後已니 不亦遠乎아?
사 이 후 이   불 역 원 호

⑧ 子ㅣ 曰 興於詩하며 立於禮하며 成於樂이니라.
자 왈 흥어시   입어례   성어악

⑨ 子ㅣ 曰 民은 可使由之요 不可使知之니라.
자 왈 민 가사유지   불가사지지

⑩ 子ㅣ 曰 好勇疾貧이 亂也요 人而不仁을 疾之
자 왈 호용질빈 난야 인이불인 질지

已甚이 亂也니라.
이심 난야

⑪ 子ㅣ 曰 如有周公之才之美오도 使驕且吝이면
자 왈 여유주공지재지미   사교차린

其餘는 不足觀也已니라.
기여 부족관야이

⑫ 子ㅣ 曰 三年學에 不至於穀을 不易得也니라.
자 왈 삼년학   부지어곡   불이득야

⑬ 子ㅣ 曰 篤信好學하며 守死善道니라. 危邦不
자 왈 독신호학   수사선도   위방불

入하고 亂邦不居하며 天下ㅣ 有道則見하고 無
입   난방불거   천하   유도즉현   무

道則隱이니라. 邦有道에 貧且賤焉이 恥也며
도즉은   방유도 빈차천언 치야

邦無道에 富且貴焉이 恥也니라.
방무도 부차귀언 치야

⑭ 子ㅣ 曰 不在其位하얀 不謀其政이니라.
자 왈 부재기위   불모기정

⑧ 공자께서 말씀하셨다. "시에서 흥기하며, 예에서 서며, 악에서 이룬다.

⑨ 공자께서 말씀하셨다. "백성은 (도를) 따르게 할 수는 있어도, (도의 이치를) 알게 할 수는 없다."

⑩ 공자께서 말씀하셨다. "용기를 좋아하고 가난을 싫어하면 난을 일으킬 것이며, 사람이 어질지 못한 것을 너무 미워하면 난을 일으킬 것이다."

⑪ 공자께서 말씀하셨다. "만일 주공처럼 아름다운 재주를 갖고 있더라도, 가령 교만하고 인색하다면 그 나머지는 볼 것도 없다."

⑫ 공자께서 말씀하셨다. "삼 년을 배우고서도 녹봉에 뜻을 두지 않는 자를 쉽게 얻지 못하겠다."
▎조 : 朱子는 '志'자가 잘못 쓰인 것이라고 하였다. 穀 : 녹봉 곡.

⑬ 공자께서 말씀하셨다. "독실하게 믿으면서도 배우기를 좋아하며, 죽음으로써 지키면서도 도를 잘 실천해야 한다. 위태로운 나라에는 들어가지 않고, 어지러운 나라에는 살지 않으며, 천하에 도가 있으면 나타나 벼슬하고, 도가 없으면 숨어야 한다. 나라에 도가 있을 때는 가난하고 천한 것이 부끄러우며, 나라에 도가 없을 때는 부유하고 귀한 것이 부끄러운 일이다."

⑭ 공자께서 말씀하셨다. "그 지위에 있지 않으면 그 정사를 도모하지 않는다."

[8] 태백

⑮ 子ㅣ 曰 師摯之始에 關雎之亂이 洋洋乎盈
　　자　왈　사지지시　관저지란　양양호영

耳哉라.
이재

⑯ 子ㅣ 曰 狂而不直하며 侗而不愿하며 悾悾而
　　자　왈　광이부직　　동이불원　　공공이

不信을 吾不知之矣로라.
불신　오부지지의

⑰ 子ㅣ 曰 學如不及이요 猶恐失之니라.
　　자　왈　학여불급　　유공실지

⑱ 子ㅣ 曰 巍巍乎舜禹之有天下也而不與焉
　　자　왈　외외호순우지유천하야이불여언

이여!

⑲ 子ㅣ 曰 大哉라. 堯之爲君也여! 巍巍乎唯天
　　자　왈　대재　　요지위군야　　외외호유천

이 爲大어시늘 唯堯ㅣ 則之하시니 蕩蕩乎民無能
　　위대　　　유요　　칙지　　　　탕탕호민무능

名焉이로다. 巍巍乎其有成功也여! 煥乎其有
명언　　　　외외호기유성공야　　　환호기유

文章이여!
문장

⑳ 舜이 有臣五人而天下ㅣ 治하니라. 武王이 曰
　　순　유신오인이천하　　치　　　　　무왕　왈

予有亂臣十人호라.
여유난신십인

⑤ 공자께서 말씀하셨다. "악사인 지(摯)가 처음 벼슬할 때에 연주하던 「관저(시경』의 첫 시)」의 끝장 악곡이 양양하게 귀에 가득하였지!"

⑥ 공자께서 말씀하셨다. "뜻이 크지만 곧지 않으며, 우직하지만 진실하지 않으며, 성실하지만 미덥지 않은 사람을 내 알지 못하겠다."

| 侗 : 우직할 동. 愿 : 삼가고 공손할 원. 悾悾 : 성실한 모습
| (≒慤慤), 朱子는 무능한 모습이라고 했다.

⑦ 공자께서 말씀하셨다. "배움은 따라가지 못할 듯이 하고 오히려 때를 잃을까 두려워하여야 한다."

⑧ 공자께서 말씀하셨다. "우뚝하고 크도다! 순임금과 우임금은 천하를 소유하시고도 거기에 관여하지 않으심이여!"

| 巍巍 : 우뚝하고 큰 모습.

⑨ 공자께서 말씀하셨다. "위대하도다. 요의 임금노릇 하심이여! 우뚝하고 큰 오직 저 하늘만이 큰데, 오직 요임금만이 그처럼 되셨으니, 넓고 넓어 백성들이 무어라 형용하지 못하는구나. 우뚝하고 크도다. 그 공을 이룸이여! 환하도다. 그 문장이 있음이여!"

⑩ 순임금이 어진 신하 다섯 사람을 두니 천하가 잘 다스려졌다. 무왕이 말하였다. "나는 다스리는 신하 열 사람을 두었노라."

孔子ㅣ 曰 才難이 不其然乎아? 唐虞之際ㅣ
공자 왈 재난 불기연호 당우지제

於斯爲盛하나 有婦人焉이라 九人而已니라.
어사위성 유부인언 구인이이

三分天下에 有其二하사 以服事殷하시니
삼분천하 유기이 이복사은

周之德은 其可謂至德也已矣로다!
주지덕 기가위지덕야이의

㉑ 子ㅣ 曰 禹는 吾無間然矣로다! 菲飮食而致
자 왈 우 오무간연의 비음식이치

孝乎鬼神하시며 惡衣服而致美乎黻冕하시며
효호귀신 악의복이치미호불면

卑宮室而盡力乎溝洫하시니 禹는 吾無間然
비궁실이진력호구혁 우 오무간연

矣로다!
의

• 공자께서 말씀하셨다. "인재 얻기가 어렵다고 하니 그렇지 않은가? 요와 순의 때에만 이때보다 성하였으나 그 중에 부인이 끼어 있으니, 아홉 사람일 뿐이다. 천하를 삼등분 하여 그 둘을 소유하시고도 은나라에 복종하여 섬기셨으니, 주나라의 덕은 지극한 덕이라 할 만하다."

㉑ 공자께서 말씀하셨다. "우임금은 내 흠잡을 데가 없도다. 음식은 보잘 것 없이 하시면서도, 귀신에게는 효도를 다하시고, 의복은 초라하게 하시면서도 제복인 불면에는 아름다움을 다하시고, 궁실은 나지막하게 하시면서도 봇도랑을 파는 일에는 힘을 다하셨으니, 우임금은 내 흠잡을 데가 없다."

菲 : 박할 비. 黻 : 슬갑 불. 冕 : 면류관 면. 溝 : 봇도랑 구. 洫 : 봇도랑 혁. 間 : 틈 간.

【9】 子罕

① 子는 罕言利與命與仁이러시다.
　　자　 한언이여명여인

② 達巷黨人이 曰 大哉라! 孔子여! 博學而無所
　　달항당인　 왈 대재　　공자　　박학이무소

　 成名이로다! 子ㅣ 聞之하시고 謂門弟子曰 吾何
　　성명　　　 자　 문지　　　 위문제자왈 오하

　 執고? 執御乎아? 執射乎아? 吾ㅣ 執御矣로리라.
　　집　 집어호　　 집사호　　 오 　집어의

③ 子ㅣ 曰 麻冕이 禮也어늘 今也純하니 儉이라. 吾
　　자　 왈 마면이 예야　　 금야순　　 검이라　오

　 從衆호리라. 拜下ㅣ 禮也어늘 今拜乎上하니 泰也
　　종중　　　 배하　 예야　　 금배호상　　 태야

　 라. 雖違衆이나 吾從下호리라.
　　　 수위중　　　오종하

④ 子ㅣ 絶四러시니 毋意 毋必 毋固 毋我러시다.
　　자　 절사　　　 무의 무필 무고 무아

⑤ 子ㅣ 畏於匡이러시니 曰 文王이 旣没하시니 文不
　　자　 외어광　　　　 왈 문왕　 기몰　　　 문부

　 在玆乎아? 天之將喪斯文也신댄 後死者ㅣ
　　재자호　　천지장상사문야　　　후사자

　 不得與於斯文也어니와 天之未喪斯文也시니
　　부득여어사문야　　　 천지미상사문야

【9】자 한 (총 30장)

① 공자께서는 이익과 명命과 인仁을 드물게 말씀하셨다.
  ▎罕 : 드물 한.

② 달항이란 고을의 사람이 말하였다. "위대하구나. 공자여! 널리 배웠으되 이름을 이룬 것이 없구나."

* 공자께서 이를 들으시고 문하의 제자들에게 말씀하셨다. "내 무엇을 전공해서 이름을 잡을까? 말 모는 일을 잡을까? 아니면 활 쏘는 일을 잡을까? 내 말 모는 일을 잡겠다."

③ 공자께서 말씀하셨다. "삼베로 만든 면류관이 예에 맞지만, 지금은 생사로 만드니 검소하다. 나는 대중을 따르겠다. 당 아래에서 절하는 것이 예인데, 지금은 당 위에서 절하니 이는 교만하다. 비록 대중과 어긋난다 하더라도 당 아래에서 절하는 것을 따르겠다." ▎冕 : 검정 베로 만든 관(緇布冠). 純 : 생사 순(≒絲). 泰 : 교만할 태.

④ 공자께서는 네 가지가 없으셨으니, 사사로운 뜻이 없으셨으며, 꼭 하겠다는 것이 없으셨으며, 고집이 없으셨으며, '나'라는 것이 없으셨다.

⑤ 공자께서 광 땅에서 두려운 일이 있었을 때 말씀하셨다. "문왕이 이미 돌아가셨으니, 문文이 여기에 있지 아니한가? 하늘이 장차 이 문文을 없애려 하신다면 뒤에 죽을 사람(공자)이 이 문文에 참여하지 못했을 것이다. 그러나 하늘이 이 문文을 없애려 하지 않으시니, 광 땅 사람들이 나

匡人이 其如予에 何리오?
광인 기여여 하

⑥ 太宰ㅣ 問於子貢曰 夫子는 聖者與아? 何其
태재 문어자공왈 부자 성자여 하기

多能也오? 子貢이 曰 固天縱之將聖이시고 又
다능야 자공 왈 고천종지장성 우

多能也시니라.
다능야

子ㅣ 聞之曰 太宰ㅣ 知我乎인져! 吾ㅣ 少也에
자 문지왈 태재 지아호 오 소야

賤故로 多能鄙事호니 君子는 多乎哉아? 不多
천고 다능비사 군자 다호재 부다

也니라. 牢ㅣ 曰子ㅣ 云吾ㅣ 不試故로 藝라하시니라.
야 뢰 왈자 운오 불시고 예

⑦ 子ㅣ 曰吾ㅣ 有知乎哉아? 無知也로라.
자 왈오 유지호재 무지야

有鄙夫ㅣ 問於我호대 空空如也라도
유비부 문어아 공공여야

我ㅣ 叩其兩端而竭焉하노라.
아 고기량단이갈언

⑧ 子ㅣ 曰鳳鳥ㅣ 不至하며 河不出圖하니
자 왈봉조 부지 하불출도

吾已矣夫인져!
오이의부

를 어떻게 하겠는가?"

⑥ 태재가 자공에게 물었다. "공자는 성인이신가? 어찌 그렇게 능한 것이 많으신가?"
* 자공이 말하였다. "본래 하늘이 내신 성인이실 것이고, 또한 능한 것이 많으시다."

▎縱 : 풀어놓을 종.   將 : 거의 장, 가까울 장(≒殆).

* 공자께서 이 말을 들으시고 말씀하셨다. "태재가 나를 아는구나! 내 젊었을 적에 미천했기 때문에 비천한 일에 능함이 많으니, 군자는 능한 것이 많은가? 많지 않다."
* 금뢰가 말하였다. "선생님께서 '내가 세상에 등용되지 못했기 때문에 재주가 많다'고 하셨다."

⑦ 공자께서 말씀하셨다. "내가 아는 것이 있는가? 나는 아는 것이 없다. 비루한 사람이 나에게 물을 때, 그가 아무리 헛되더라도 나는 두 끝(처음과 끝)을 진단해서 다할 뿐이다."

▎叩 : 두드릴 고, 물을 고.

⑧ 공자께서 말씀하셨다. "봉황새가 오지 않으며, 황하에서 하도가 나오지 않으니, 내가 그만인가 보구나!

⑨ 子ㅣ 見齊衰者와 冕衣裳者와 與瞽者하시고
　자　견재최자　면의상자　여고자

見之에 雖少나 必作하시며 過之必趨러시다.
견지　수소　필작　　과지필추

⑩ 顔淵이 喟然歎曰 仰之彌高하며 鑽之彌堅하며
안연　위연탄왈 앙지미고　　찬지미견

瞻之在前이러니 忽焉在後로다! 夫子ㅣ 循循然
첨지재전　　　홀언재후　　부자　순순연

善誘人하사 博我以文하시고 約我以禮하시니라.
선유인　　박아이문　　　약아이례

欲罷不能하야 旣竭吾才호니 如有所立이 卓爾
욕파불능　　기갈오재　　여유소립　탁이

라. 雖欲從之나 末由也已로다.
수욕종지　말유야이

⑪ 子ㅣ 疾病이어시늘 子路ㅣ 使門人으로 爲臣이러니
자　질병　　　자로　사문인　　위신

病間曰 久矣哉라! 由之行詐也여! 無臣而
병간왈 구의재　유지행사야　무신이

爲有臣하니 吾誰欺오? 欺天乎인저! 且予ㅣ 與其
위유신　　오수기　기천호　　차여　여기

死於臣之手也론 無寧死於二三子之手乎아?
사어신지수야　무녕사어이삼자지수호

且予ㅣ 縱不得大葬이나 予ㅣ 死於道路乎아?
차여　종부득대장　여　사어도로호

⑨ 공자께서는 재최를 입은 자와 관을 쓰고 옷을 잘 갖추어 입은 자와 봉사를 보시면, 그들이 다가올 때 비록 나이가 적더라도 반드시 일어나셨고, 그 곁을 지나실 때에는 반드시 종종걸음을 하셨다. ▮齊衰 : 상복.

⑩ 안연이 크게 탄식하며 말하였다.
"우러러보니 더욱 높고, 뚫으려하니 더욱 단단하며, 바라보니 앞에 있더니 홀연히 뒤에 있도다. 선생님께서 차근차근히 사람을 잘 이끄시어, 문文으로써 나를 넓혀주시고, 예로써 나를 다듬어 주셨다. 그만두고자 해도 그만둘 수 없어 이미 나의 재주를 다하니, (부자께서) 서 있는 것이 우뚝한 듯한 지라, 아무리 따르고자 하나 어떻게 따라야 할지 모르겠다."
▮卓 : 높이 서있는 모습 탁. 末 : 없을 말(≒無).

⑪ 공자께서 병이 심해지자, 자로가 문인으로 가신을 삼았는데, 병이 좀 낫자 말씀하셨다.
"오래되었구나, 유(자로)가 거짓을 행함이여! 나는 가신이 없어야 하는데 가신을 두었으니, 내 누구를 속인 것인가? 하늘을 속였나 보다! 또 내가 가신의 손에서 죽기보다는 차라리 너희 제자들 손에서 죽는 것이 낫지 않겠는가? 또 내 장례식을 크게 치르지는 못한다 하더라도 내가 길에서 죽겠는가?"

⑫ 子貢이 曰 有美玉於斯하니 韞匵而藏諸잇가?
자공 왈 유미옥어사   온독이장저

求善賈而沽諸잇가?
구선가이고저

子ㅣ 曰 沽之哉 沽之哉나 我는 待賈者也로라.
자 왈 고지재 고지재   아는 대가자야

⑬ 子ㅣ 欲居九夷러시니 或曰 陋커니 如之何잇고?
자 욕거구이   혹왈 루   여지하

子ㅣ 曰 君子ㅣ 居之면 何陋之有리오?
자 왈 군자   거지   하루지유

⑭ 子ㅣ 曰 吾ㅣ 自衛反魯然後에 樂正하야 雅頌
자 왈 오   자위반로연후   악정   아송

이 各得其所하니라.
  각득기소

⑮ 子ㅣ 曰 出則事公卿하고 入則事父兄하며 喪
자 왈 출즉사공경   입즉사부형   상

事를 不敢不勉하며 不爲酒困이 何有於我哉오?
사 불감불면   불위주곤   하유어아재

⑯ 子ㅣ 在川上曰 逝者ㅣ 如斯夫인저! 不舍晝
자 재천상왈 서자   여사부   불사주

夜로다!
야

⑰ 子ㅣ 曰 吾未見好德이 如好色者也케라.
자 왈 오미견호덕   여호색자야

⑫ 자공이 말하였다. "여기에 아름다운 옥이 있다면 궤 속에 넣어 감추어 두시겠습니까? 좋은 상인을 구하여 파시겠습니까?"
* 공자께서 말씀하셨다. "팔아야겠지만, 팔아야겠지만, 나는 좋은 값을 기다리는 자이다."

▎韞: 감출 온. 匵: 궤 독. 賈: 값 가. 沽: 팔 고.

⑬ 공자께서 구이에 가서 살고자 하시니, 어떤 사람이 말하였다. "누추한데 어떻게 하시렵니까?"
* 공자께서 대답하셨다. "군자가 거주한다면 (군자가 거주하는 곳이니) 무슨 누추함이 있겠는가?"

⑭ 공자께서 말씀하셨다. "내가 위나라에서 노나라로 돌아온 뒤로 음악이 바르게 되어서 아雅와 송頌이 각기 제자리를 찾게 되었다."

⑮ 공자께서 말씀하셨다. "나가서는 공경을 섬기고, 들어와서는 부형을 섬기며, 상사를 감히 힘쓰지 않음이 없으며, 술 때문에 곤란해지지 않는 것 중에 어느 것이 나에게 있는가?"

⑯ 공자께서 시냇가에 계시면서 말씀하셨다. "가는 것이 이와 같구나! 밤낮을 그치지 않구나!"

▎舍: 그칠 사.

⑰ 공자께서 말씀하셨다. "나는 덕을 좋아하기를 여색을 좋아하듯이 하는 자를 보지 못했다."

⑱ 子ㅣ 曰 譬如爲山에 未成一簣하야 止도 吾止
　　자　왈 비여위산　미성일궤　　지　오지

也며 譬如平地에 雖覆一簣나 進도 吾往也니라.
야　　비여평지　수복일궤　　진　오왕야

⑲ 子ㅣ 曰 語之而不惰者는 其回也與인져!
　　자　왈 어지이불타자　기회야여

⑳ 子ㅣ 謂顔淵曰 惜乎라! 吾見其進也요 未見
　　자　위안연왈　석호　　오견기진야　미견

其止也호라.
기지야

㉑ 子ㅣ 曰 苗而不秀者ㅣ 有矣夫며
　　자　왈 묘이불수자　유의부

秀而不實者ㅣ 有矣夫인져!
수이부실자　유의부

㉒ 子ㅣ 曰 後生이 可畏니 焉知來者之不如今
　　자　왈 후생　가외　언지래자지불여금

也리오? 四十五十而無聞焉이면 斯亦不足畏
야　　　사십오십이무문언　　사역부족외

也已니라.
야이

㉓ 子ㅣ 曰 法語之言은 能無從乎아? 改之爲貴
　　자　왈 법어지언　능무종호　　개지위귀

니라. 巽與之言은 能無說乎아? 繹之爲貴니라.
　　　손여지언　능무열호　　역지위귀

說而不繹하며 從而不改면 吾末如之何也已
열이불역　　　종이불개　　오말여지하야이

⑱ 공자께서 말씀하였다. "비유하자면 산을 만드는 데 (마지막) 흙 한 삼태기가 모자라 이루지 못하고 그쳐도 내가 그치는 것이며(이루지 못하고 그친 사람과는 내가 더불지 않을 것이며), 비유하자면 땅을 고르는 데 비록 (처음) 흙 한 삼태기를 부어서 나아가는 것도 내가 나아가는 것이다(나아가는 사람이라면 내가 가서 더불 것이다)."

⑲ 공자께서 말씀하셨다. "말해주면 게을리 하지 않는 자는 안회인가 보다!"

⑳ 공자께서 안연을 평하셨다. "애석하구나! 나는 그가 나아가는 것만을 보았고 멈추는 것을 보지 못했다."

㉑ 공자께서 말씀하셨다. "싹이 났으나 꽃이 피지 못하는 것도 있고, 꽃이 피었으나 열매를 맺지 못하는 것도 있다."

㉒ 공자께서 말씀하셨다. "후생이 두려울 만하니, 앞으로 오는 자들이 (나의) 지금보다 못할 줄을 어찌 알겠는가? 그러나 40세, 50세가 되어도 알려지지 않으면 그 또한 두려울 것이 없다."

㉓ 공자께서 말씀하셨다. "법으로 하는 말은 따르지 않을 수 있겠는가? 고치는 것이 귀하다. 부드럽게 하는 말은 기뻐하지 않을 수 있겠는가? 연역해 내는 것이 귀하다. 기뻐하기만 하고 연역해내지 않으며, 따르기만 하고 고치지 않는다면 내 그를 어찌할 수가 없다."

說 : 기뻐할 열. 繹 : 풀어낼 역.

矣니라.

㉔ 子ㅣ 曰 主忠信하며 毋友不如己者요 過則勿憚改니라.

㉕ 子ㅣ 曰 三軍은 可奪帥也어니와 匹夫는 不可奪志也니라.

㉖ 子ㅣ 曰 衣敝縕袍하야 與衣狐貉者로 立而不恥者는 其由也與인저! 不忮不求면 何用不臧이리오!

子路ㅣ 終身誦之한대 子ㅣ 曰 是道也ㅣ 何足以臧이리오?

㉗ 子ㅣ 曰 歲寒然後에 知松栢之後彫也니라.

㉘ 子ㅣ 曰 知者는 不惑하고 仁者는 不憂하고 勇者는 不懼니라.

㉔ 공자께서 말씀하셨다. "충성과 믿음을 주로 하며, 자기보다 못한 이와 벗하려고 말며, 허물이 있으면 고치기를 꺼리지 말아야 한다."

毋 : 말 무.   憚 : 꺼릴 탄.

㉕ 공자께서 말씀하셨다. "삼군의 장수는 빼앗을 수 있으나, 필부의 뜻은 빼앗을 수 없다."

㉖ 공자께서 말씀하셨다. "해진 솜옷을 입고서 여우나 담비 가죽으로 만든 갖옷을 입은 자와 함께 서 있으면서도 부끄러워하지 않는 자는 아마 유(중유:자로)일 것이다. 남을 해치지 않으며 남의 것을 탐하지 않는다면, 어찌 착하지 않겠는가!"

敝 : 해질 폐. 縕 : 헌솜 온. 袍 : 핫옷(겉옷) 포. 狐 : 여우 호.
貉 : 담비 학. 忮 : 해칠 기. 臧 : 착할 장.

• 자로가 종신토록 외우려 하자, 공자께서 말씀하셨다. "이 도를 어찌 좋다고 할 수 있겠는가?"

㉗ 공자께서 말씀하셨다. "날씨가 추워진 뒤에야 소나무와 잣나무가 뒤늦게 시드는 것을 알겠다."   彫 : 시들 조(≒凋)

㉘ 공자께서 말씀하셨다. "지혜로운 자는 의심하지 않고, 인한 자는 근심하지 않고, 용맹한 자는 두려워하지 않는다.

㉙ 子ㅣ 曰 可與共學이오도 未可與適道며
자 왈 가여공학   미가여적도

可與適道오도 未可與立이며
가여적도   미가여립

可與立이오도 未可與權이니라.
가여립   미가여권

㉚ 唐棣之華여! 偏其反而로다. 豈不爾思리오마는
당체지화   편기번이   기불이사

室是遠而니라! 子ㅣ 曰 未之思也언정 夫何遠
실시원이   자 왈 미지사야   부하원

之有리오?
지유

㉙ 공자께서 말씀하셨다. "함께 배울 수는 있어도 함께 도에 나아갈 수는 없으며, 함께 도에 나아갈 수는 있어도 함께 설 수는 없으며, 함께 설 수는 있어도 함께 권도를 행할 수는 없다."

㉚ 산앵두나무의 꽃이여! / 펄럭펄럭 나부끼는구나. / 어찌 그대를 생각지 않겠냐마는 / 집이 너무 멀구나!
* 공자께서 말씀하셨다. "생각하지 않을지언정 어찌 멀겠는가?"

唐棣 : 산앵두나무.   偏 : 의성어로 흔들리는 모습(≒翩)이다.
反 : 의성어로 뒤치고 엎어지는 모습(飜)이다.

【10】 鄕黨

① 孔子ㅣ 於鄕黨에 恂恂如也하사 似不能言者
   공자   어향당   순순여야   사불능언자
러시다. 其在宗廟朝廷하사는 便便言하사대 唯謹爾
       기재종묘조정   변변언   유근이
러시다.

② 朝에 與下大夫言에 侃侃如也하시며
   조   여하대부언   간간여야

與上大夫言에 誾誾如也러시다.
여상대부언   은은여야

君在어시든 踧踖如也하시며 與與如也러시다.
군재   축척여야   여여여야

③ 君이 召使擯이어시든 色勃如也하시며 足躩如也
   군   소사빈   색발여야   족확여야
러시다. 揖所與立하사대 左右手러시니 衣前後ㅣ 襜
       읍소여립   좌우수   의전후   첨
如也러시다. 趨進에 翼如也러시다.
여야   추진   익여야

賓退어든 必復命曰 賓不顧矣라하더시다.
빈퇴   필복명왈 빈불고의

④ 入公門하실새 鞠躬如也하사 如不容이러시다.
   입공문   국궁여야   여불용

【10】 향 당 (총 18장)

① 공자께서 고을에 계실 때에는 공손해서 말씀을 잘하지 못하는 사람 같았다. 공자께서 종묘와 조정에 계실 때에는 말씀을 또박또박하시되, 다만 삼가셨다.

恂恂:정성스럽고 공손한 모습(溫恭). 便便:말을 분별있게 잘하는 모습.

② 조정에서 하대부와 말씀하실 때에는 강직하게 하시며, 상대부와 말씀하실 때에는 온화하게 하셨다. 임금이 계실 때에는 공손하셨고 근엄하게 하셨다.

侃:강직할 간. 誾:온화할 은. 踧:삼갈 축. 踖:삼갈 척.
與與:위엄스런 거동이 알맞음(임금께 향함을 잊지 않음).

③ 임금이 불러 국빈을 접대하게 하시면 낯빛을 변하시며 발걸음을 조심하셨다.

* 함께 서 있는 이에게 읍할 때 왼손을 앞으로 내미시기도 하시고 오른쪽 손을 앞으로 내미시기도 하셨는데, 옷의 앞뒤자락이 가지런하셨다.
* 빨리 나아가실 때는 날개를 편 듯 하셨다.
* 손님이 물러가면, 반드시 복명하여 말씀하시기를 "손님이 돌아보지 않고 잘 갔습니다"라고 하셨다.

勃:낯 변할 발. 躩:빙 돌 확, 이리저리 왔다갔다 함(盤辟).
襜:옷 가지런히 할 첨. 趨:달릴 추.

④ 공문(궁문)에 들어가실 적에는, 몸을 굽히시어 용납하지 못하는 듯이 하셨다.

立不中門하시며 行不履閾이러시다.
입불중문　　　행불리역

過位하실새 色勃如也하시며 足躩如也하시며
과위　　색발여야　　　　족확여야

其言이 似不足者러시다. 攝齊升堂하실새
기언　사부족자　　　섭자승당

鞠躬如也하시며 屛氣하사 似不息者러시다.
국궁여야　　　병기　　사불식자

出降一等하사는 逞顏色하사 怡怡如也하시며
출강일등　　　영안색　　　이이여야

沒階하사는 趨進翼如也하시며 復其位하사는
몰계　　　추진익여야　　　복기위

踧踖如也러시다.
축척여야

⑤ 執圭하사대 鞠躬如也하사 如不勝하시며 上如揖
집규　　　국궁여야　　　여불승　　　　상여읍

하시고 下如授하시며 勃如戰色하시며 足蹜蹜如有
　　　하여수　　　　발여전색　　　　족축축여유

循이러시다.
순

享禮에 有容色하시며 私覿에 愉愉如也러시다.
향례　유용색　　　　사적　유유여야

⑥ 君子는 不以紺緅로 飾하시며 紅紫로 不以爲褻
군자　불이감추　　식　　　　홍자　불이위설

服이러시다. 當暑하사 袗絺綌을 必表而出之러시다.
복　　　　당서　　　진치격　　필표이출지

- 서 있을 때에는 문 가운데에 서지 않으시고, 다니실 때에는 문지방을 밟지 않으셨다.
- 임금의 자리를 지나실 적에는 낯빛을 변하시고, 발걸음을 조심하시며, 말씀을 잘 못하는 것 같이 하셨다.
- 옷자락을 잡고 마루에 오르실 적에 몸을 굽히시며, 숨을 죽이시어 숨을 쉬지 않는 것처럼 하셨다.
- 나오시어 한 층계를 내려서서는 낯빛을 펴서 화평하게 하시며, 층계를 다 내려와서는 빨리 걸으시되 날개를 편 듯 하시며, 자리에 돌아와서는 공손하셨다.

▌閾 : 문지방 역. 屛 : 막을 병. 逞 : 유쾌할 령. 怡 : 기쁠 이.

---

⑤ 규를 잡으실 적에는 몸을 굽혀 (규의 무게를) 이기지 못하는 듯이 하셨으며, (규를 잡는 위치는) 위로는 읍을 할 때와 같이 하시고, 아래로는 물건을 줄 때와 같이 하시며, 낯빛을 변하여 두려워하는 빛을 띠시며, 발걸음을 좁고 낮게 하시어 땅에 끄는 듯이 하셨다.
- 잔치하는 자리에서는 화평한 낯빛을 하셨다. 사사로이 만나보실 때에는 온화하게 하셨다.

▌覿 : 뵐 적. 愉 : 부드러울 유.

⑥ 군자(공자)는 감색과 검붉은 색으로 옷의 가선을 두르지 않으셨으며, 다홍색과 자주색으로 평상복을 만들지 않으셨다.
- 더위를 당해서는 가는 갈포와 굵은 갈포로 홑옷을 반드시 밖에 걸쳐 입으셨다. ▌紺 : 감색 감. 緅 : 검붉을 추. 褻 : 무람없을 설. 絺 : 칡베 치. 綌 : 칡베 격.

緇衣엔 羔裘요 素衣엔 麑裘요 黃衣엔 狐裘러시다.
치의 고구 소의 예구 황의 호구

褻裘는 長호대 短右袂러시다. 必有寢衣하시니 長이
설구 장 단우메 필유침의 장

一身有半이러라. 狐貉之厚로 以居러시다.
일신유반 호락지후 이거

去喪하사는 無所不佩러시다.
거상 무소불패

非帷裳이어든 必殺之러시다.
비유상 필쇄지

羔裘玄冠으로 不以弔러시다.
고구현관 불이조

吉月에 必朝服而朝러시다.
길월 필조복이조

⑦ 齊必有明衣러시니 布러라.
재필유명의 포

齊必變食하시며 居必遷坐러시다.
재필변식 거필천좌

⑧ 食不厭精하시며 膾不厭細러시다. 食饐而餲와
사불염정 회불염세 사에이애

魚餒而肉敗를 不食하시며 色惡不食하시며 臭惡
어뇌이육패 불식 색악불식 취악

不食하시며 失飪不食하시며 不時不食이러시다.
불식 실임불식 불시불식

割不正이어든 不食하시며 不得其醬이어든 不食이러
할부정 불식 부득기장 불식

- 검은 옷에는 염소가죽 갖옷을 입고, 흰옷에는 사슴가죽 갖옷을 입고, 누런 옷에는 여우가죽 갖옷을 입으셨다.
- 평소에 입는 갖옷은 길게 하되, 오른쪽 소매를 짧게 하셨다. 반드시 잠옷이 있었으니, 길이가 한 길 반이었다.
- 여우와 담비의 두터운 가죽옷을 입고 거처하셨다.
- 상을 벗으신 뒤에는 패물을 차지 않는 것이 없으셨다.
- 예복이 아니면, 반드시 치마의 위 폭에 주름을 잡지 않고 줄여서 꿰매셨다.
- 염소 가죽으로 만든 갖옷을 입거나 검은 관을 쓰고는 조문하지 않으셨다.
- 초하룻날에는 반드시 조복을 입고 조회하셨다.

▎緇 : 검은 비단 치. 羔 : 새끼 양 고. 裘 : 갖옷 구. 麑 : 사슴 예

---

⑦ 재계하실 때에는 반드시 명의가 있었으니, 베로 만들었다. 재계하실 때에는 반드시 음식을 바꾸시며, 거처할 때에 반드시 (평상시의 거처로부터) 자리를 옮기셨다.

⑧ 밥은 정미로 한 것을 싫어하지 않으시며, 회는 가늘게 썬 것을 싫어하지 않으셨다.

- 밥이 상하여 쉰 것과 생선이 상하고 고기가 부패한 것을 먹지 않으셨다. 빛깔이 나쁜 것을 먹지 않고, 냄새가 나쁜 것을 먹지 않았으며, 잘못 익힌 것을 먹지 않고, 때가 되지 않은 것을 먹지 않으셨다.
- 자른 것이 바르지 않으면 먹지 않고, 장이 갖추어지지 않으면 먹지 않으셨다. ▎饐 : 밥쉴 에(의). 餲 : 밥쉴 애. 餒 : 물고기 문드러질 뇌. 飪 : 알맞게 조리할 임.

시다. 肉雖多나 不使勝食氣하시며 唯酒無量하사대
육수다 불사승사기 유주무량

不及亂이러시다. 沽酒市脯를 不食하시며 不撤薑
불급난 고주시포 불식 불철강

食하시며 不多食이러시다. 祭於公에 不宿肉하시며
식 부다식 제어공 불숙육

祭肉은 不出三日하더시니 出三日이면 不食之矣
제육 불출삼일 출삼일 불식지의

니라. 食不語하시며 寢不言이러시다.
식불어 침불언

雖疏食菜羹이라도 瓜(必)祭하사대 必齊如也러시다.
수소사채갱 필제 필제여야

⑨ 席不正이어든 不坐러시다.
석부정 부좌

⑩ 鄕人飮酒에 杖者ㅣ 出이어든 斯出矣러시다.
향인음주 장자 출 사출의

鄕人儺에 朝服而立於阼階러시다.
향인나 조복이입어조계

⑪ 問人於他邦하실새 再拜而送之러시다. 康子ㅣ 饋
문인어타방 재배이송지 강자 궤

藥이어늘 拜而受之曰 丘ㅣ 未達이라 不敢嘗이라하시다.
약 배이수지왈 (구) 미달 불감상

⑫ 廐焚이어늘 子ㅣ 退朝曰 傷人乎아하시고 不問馬
구분 자 퇴조왈 상인호 불문마

하시다.

- 고기가 비록 많으나 밥 기운을 이기게 하지 않으시며, 술은 일정한 양이 없으셨는데, 어지러운 지경에 이르지 않으셨다.
- 시장에서 사온 술과 포를 먹지 않으셨다. 생강을 먹는 것을 그만두지 않으셨으며, 많이 잡수시지 않으셨다.
- 나라에서 제사지내고 받은 고기는 밤을 넘기지 않으셨으며, 집에서 제사지낸 고기는 3일을 넘기지 않으셨는데, 3일이 지나면 먹지 못하기 때문이다.
- 음식을 먹을 때 말씀하지 않으시며, 잠을 잘 때 말씀하지 않으셨다.
- 비록 거친 밥과 나물국이라도 반드시 제를 올리시되 반드시 공경히 하셨다.

▌撤:거둘 철. 薑:생강 강. 菜:나물 채. 羹:국 갱.
▌必齊如也의 齊는 '공경할 재'이나 내각장본에는 '제'로 쓰였다.

⑨ 자리가 바르지 않으면 앉지 않으셨다.
⑩ 고을 사람들이 술을 마실 적에 지팡이를 짚은 분이 나가면 따라 나가셨다. 고을 사람들이 굿을 할 적에는 조복을 입고 동쪽 섬돌에 서 계셨다. ▌儺:귀신 쫓을 나.
⑪ 사람을 다른 나라에 보내어 안부를 물으실 적에는, 두 번 절하고 보내셨다. 계강자가 약을 보내오자, 절하고 받으면서 말씀하셨다. "나는 이 약에 대하여 알지 못하기 때문에 감히 맛보지 못합니다."
⑫ 마구간에 불이 났었는데, 공자께서 조정에서 물러나와 "사람이 상했느냐?" 하시고 말에 대하여서는 묻지 않으셨다.

⑬ **君**이 **賜食**이어시든 **必正席先嘗之**하시고
　군　사식　　　　필정석선상지

君이 **賜腥**이어시든 **必熟而薦之**하시고
　군　사성　　　　필숙이천지

君이 **賜生**이어시든 **必畜之**러시다.
　군　사생　　　　필휵지

侍食於君에 **君祭**어시든 **先飯**이러시다. **疾**에
　시식어군　군제　　　　선반　　　　　　질

君이 **視之**어시든 **東首**하시고 **加朝服拖紳**이러시다.
　군　시지　　　　동수　　　　가조복타신

君이 **命召**어시든 **不俟駕行矣**러시다.
　군　명소　　　　불사가행의

⑭ **入太廟**하사 **每事**를 **問**이러시다.
　입태묘　　　매사　　문

⑮ **朋友** | **死**하야 **無所歸**어든 **曰於我殯**이라하더시다.
　붕우　사　　　무소귀　　　왈어아빈

朋友之饋는 **雖車馬**라도 **非祭肉**이어든 **不拜**러시다.
　붕우지궤　　수거마　　　비제육　　　　불배

⑯ **寢不尸**하시며 **居不容**이러시다. **見齊衰者**하시고
　침불시　　　　거불용　　　　　견재최자

雖狎이나 **必變**하시며 **見冕者與瞽者**하시고
　수압　　　필변　　　　견면자여고자

雖褻이나 **必以貌**러시다. **凶服者**를 **式之**하시며
　수설　　　필이모　　　　흉복자　　식지

式負版者러시다. **有盛饌**이어든 **必變色而作**이러시다.
　식부판자　　　　유성찬　　　　필변색이작

⑬ 임금이 음식을 주시면 반드시 자리를 바로 하고 먼저 맛보시며, 임금이 날고기를 주시면 반드시 익혀서 조상께 올리시고, 임금이 살아있는 것을 주시면 반드시 기르셨다.
* 임금을 모시고 식사를 할 때에 임금이 제를 올리면, 먼저 밥을 맛보셨다.
* 병이 있을 때에 임금이 문병 오시면, 머리를 동쪽으로 두시고, 조복을 몸에 덮고 띠를 걸쳐 놓으셨다.
* 임금이 명하여 부르시면 수레에 멍에하기를 기다리지 않고 걸어서 가셨다.

▌腥: 비릴 성. 拖: 풀어 놓을 타. 紳: 큰 띠 신.

⑭ 태묘에 들어가서 모든 일을 물으셨다.

⑮ 친구가 죽어서 돌아갈 곳이 없으면 "우리 집에 빈소를 차리라."고 하셨다. ▌殯: 빈소 빈.
* 친구가 선물하는 것은 비록 수레와 말이라도 제사지낸 고기가 아니면 절하지 않으셨다.

⑯ 잠잘 때에는 죽은 사람처럼 (방자하게) 하지 않으시며, 집에 거처하실 때에는 모양을 내지 않으셨다.
* 상복 입은 자를 보시면 비록 절친한 사이라도 반드시 낯빛을 변하시며, 면류관을 쓴 자와 장님을 보시면 비록 사석이라도 반드시 예모를 갖추셨다.
* 상복 입은 자에게 경의를 표하시고 지도나 호적을 짊어진 자에게 경의를 표하셨다.
* 성찬을 받으시면 반드시 낯빛을 변하시고 일어나셨다.

迅雷風烈에 **必變**이러시다.
신뢰풍렬   필변

⑰ **升車**하사 **必正立執綏**러시다. **車中**에 **不內顧**하시며
  승거   필정립집유   거중   불내고

  不疾言하시며 **不親指**러시다.
  불질언   불친지

⑱ **色斯擧矣**하야 **翔而後集**이니라.
  색사거의   상이후집

  曰 山梁雌雉 | **時哉 時哉**인져!
  왈 산량자치   시재 시재

  子路 | **共之**한대 **三嗅而作**하시다.
  자로   공지   삼후이작

▎式 : 식례 식. 版 : 나무조각 판(지도를 그리고 호적을 기록함).

• 빠른 우레가 치거나 바람이 사나우면 반드시 낯빛을 변하셨다.

▎迅 : 빠를 신. 烈 : 매울 렬.

⑦ 수레에 오르실 때에는 반드시 바르게 서서 손잡이 끈을 잡으셨다. 수레 안에서 (수레바퀴 이상은) 돌아보지 않으시며, 말씀을 빨리 하지 않으시며, 직접 손가락으로 가리키지 않으셨다.

▎綏 : 수레 손잡이 수. 內顧 : 돌아볼 때 수레바퀴를 벗어나지 않는 예.(回視).

⑧ (새는) 사람의 얼굴빛(이 좋지 않은 것)을 보면 날아서 빙 돈 뒤에 다시 모여 앉는다.

• 공자께서 말씀하셨다. "산 다리의 암꿩이여. 좋은 시절이구나! 좋은 시절이구나!" 하셨다.

• 자로가 그 꿩을 잡아 올리니, 세 번 냄새를 맡고 일어 나셨다.

▎梁 : 교량 량.

【11】先進

① 子ㅣ 曰 先進이 於禮樂에 野人也요

後進이 於禮樂에 君子也라하나니

如用之則吾從先進호리라.

② 子ㅣ 曰 從我於陳蔡者ㅣ 皆不及門也로다.

德行엔 顏淵·閔子騫·冉伯牛·仲弓이요

言語엔 宰我·子貢이요 政事엔 冉有·季路요

文學엔 子游·子夏니라.

③ 子ㅣ 曰 回也는 非助我者也로다.

於吾言에 無所不說이온여!

④ 子ㅣ 曰 孝哉라! 閔子騫이여!

人不間於其父母昆弟之言이로다!

【11】 선 진 (총 25장)

① 공자께서 말씀하셨다. "선배들이 예악을 행한 것이 야인 같았고, 후진들이 예악을 행하는 것은 군자 같다고들 한다. 그러나 만일 예악을 쓴다면 나는 선배들을 따르겠다."

② 공자께서 말씀하셨다. "나를 진나라와 채나라에서 따르던 자들이 모두 문하에 있지 않구나!"
- 덕행에는 안연(안회)·민자건(민손)·염백우(염경)·중궁(염옹)이었고, 언어에는 재아·자공(단목사)이었고, 정사에는 염유(염구)·계로(중유)였고, 문학에는 자유(유약)·자하(복상)였다.
▌속설에 이들을 '공문십철'이라고 하지만, 증자 같이 도맥을 이은 사람이 빠진 것으로 볼 때 진나라와 채나라를 주유할 때 모셨던 사람들이다. (괄호)안에 본명을 적었으며, 재아는 이름이므로 그대로 두었다.

③ 공자께서 말씀하셨다. "안회는 나를 돕는 자가 아니로다! 나의 말에 대하여 기뻐하지 않는 바가 없구나!"

④ 공자께서 말씀하셨다. "효성스럽다! 민자건이여! 사람들이 그 부모·형제가 그를 칭찬하는 말에 트집잡지 못하는구나!"
▌騫 : 이지러질 건.

⑤ **南容**이 **三復白圭**어늘 **孔子**ㅣ **以其兄之子**로
　남용　삼복백규　　　공자　 이기형지자

妻之하시다.
처지

⑥ **季康子**ㅣ **問弟子**ㅣ **孰爲好學**이니잇고?
　계강자　 문제자　 숙위호학

孔子ㅣ **對曰 有顔回者**ㅣ **好學**하더니 **不幸短命**
　공자　 대왈 유안회자　 호학　　　　불행단명

死矣라 **今也則亡**하니라.
 사의　 금야즉무

⑦ **顔淵**이 **死**커늘 **顔路**ㅣ **請子之車**하야 **以爲之槨**
　안연　사　 안로　 청자지거　　 이위지곽

한대 **子**ㅣ **曰才不才**에 **亦各言其子也**니 **鯉也**ㅣ
　　자　 왈재부재　 역각언기자야　 리야

死커늘 **有棺而無槨**호니 **吾不徒行**하야 **以爲之**
 사　　유관이무곽　　 오불도행　　 이위지

槨은 **以吾**ㅣ **從大夫之後**라 **不可徒行也**니라.
 곽　 이오　 종대부지후　 불가도행야

⑧ **顔淵**이 **死**커늘 **子**ㅣ **曰噫**라! **天喪予**샷다! **天喪**
　안연　사　 자　 왈희　　천상여　　　　천상

予샷다!
 여

⑨ **顔淵**이 **死**커늘 **子**ㅣ **哭之慟**하신대 **從者**ㅣ **曰子**ㅣ
　안연　사　 자　 곡지통　　　 종자　 왈자

慟矣사소이다. **曰有慟乎**아? **非夫人之爲慟**이요
 통의　　　　 왈유통호　 비부인지위통

⑤ 남용이 백규白圭의 내용을 세 번 반복해 외우니, 공자께서 그 형님의 딸로 그에게 시집보내셨다. 『시경·大雅·抑』質爾人民 謹爾侯度 用戒不虞 愼爾出話 敬爾威儀 無不柔嘉 白圭之玷 尙可磨也 斯言之玷 不可爲也(백규의 흠은/ 갈면 되지만/ 입에서 나온 말의 흠은/ 갈아낼 수가 없네)

⑥ 계강자가 묻기를 "제자 중에 누가 학문을 좋아합니까?" 공자께서 대답하셨다. "안회라는 자가 있어 학문을 좋아했었는데 불행히도 명이 짧아 죽었습니다. 지금은 없습니다."

⑦ 안연이 죽자 안로(안연의 父)가 공자의 수레를 팔아 곽을 만들 것을 청하니, 공자께서 말씀하셨다. "재주가 있거나 재주가 없거나 또한 각각 자기의 아들이라고 말할 것이다. (내아들) 이鯉가 죽었을 때에 관만 있었고 곽은 없었는데, 내가 수레를 팔아 도보로 걸어 다님으로써 곽을 만들어주지 못한 것은 내가 대부의 뒤를 따르기 때문에 도보로 걸어 다닐 수 없어서이다."

▎槨 : 덧널 곽(관을 담는 궤). 棺 : 널 관(시체를 넣는 널).

⑧ 안연이 죽자, 공자께서 말씀하셨다. "아! 하늘이 나를 버리셨구나! 하늘이 나를 버리셨구나!"

⑨ 안연이 죽자, 공자께서 곡하시며 지나치게 애통해 하셨다. 종자가 말하였다. "선생님께서 지나치게 애통해 하셨습니다."
- 공자께서 말씀하셨다. "지나치게 애통해 하였느냐? 그 사

而誰爲리오?
이 수 위

⑩ 顏淵이 死커늘 門人이 欲厚葬之한대
안연 사 문인 욕후장지

子ㅣ 曰 不可하니라. 門人이 厚葬之한대
자 왈 불가 문인 후장지

子ㅣ 曰 回也는 視予猶父也어늘 予不得視猶
자 왈 회야 시여유부야 여부득시유

子也호니 非我也라! 夫二三子也니라.
자야 비아야 부이삼자야

⑪ 季路ㅣ 問事鬼神한대
계로 문사귀신

子ㅣ 曰 未能事人이면 焉能事鬼리오?
자 왈 미능사인 언능사귀

敢問死하노이다. 曰 未知生이면 焉知死리오?
감문사 왈 미지생 언지사

⑫ 閔子는 侍側에 誾誾如也하고 子路는 行行如
민자 시측 은은여야 자로 항항여

也하고 冉有·子貢은 侃侃如也어늘 子ㅣ 樂하시다.
야 염유 자공 간간여야 자 낙

若由也는 不得其死然이로다!
약유야 부득기사연

⑬ 魯人이 爲長府러니 閔子騫이 曰 仍舊貫如之
노인 위장부 민자건 왈 잉구관여지

何오? 何必改作이리오?
하 하필개작

남을 위해 애통해 하지 않고 누구를 위해 애통해 하겠는가?"

▎慟 : 서럽게 울 통.

⑩ 안연이 죽자, 문인들이 후히 장사지내려 하니, 공자께서 "옳지 않다"고 하셨다.

• 문인들이 후히 장사지내자, 공자께서 말씀하셨다. "안회는 나 보기를 아버지처럼 여겼는데, 나는 자식처럼 하지 못했으니, 나의 탓이 아니라 너희들 탓이로다."

[11]
선진

① 계로가 귀신을 섬기는 것에 대하여 묻자, 공자께서 말씀하셨다. "사람을 섬기지 못한다면 어떻게 귀신을 섬기겠는가?"

• "감히 죽음을 묻겠습니다."

• 공자께서 말씀하셨다. "삶을 알지 못한다면 어떻게 죽음을 알겠는가?"

② 민자건은 옆에서 모셨는데 온화하였고, 자로는 씩씩하였고, 염유·자공은 강직했으니, 공자께서 기뻐하셨다.

• "유(자로) 같은 이는 온당한 죽음을 얻지 못할 듯하구나!"

▎行行 : 강하고 굳센 모습.

▎子樂의 樂은 曰자의 잘못이라는 설도 있다.

③ 노나라 사람이 장부라는 창고를 짓자, 민자건이 말하였다. "옛것을 그대로 이용하는 것이 어떻겠는가? 하필 고쳐 지어야 하는가?"

子ㅣ 曰夫人이 不言이언정 言必有中이니라.
자 왈 부 인 불 언 　　 언 필 유 중

⑭ 子ㅣ 曰由之瑟을 奚爲於丘之門고?
자 왈 유 지 슬 　 해 위 어(구)지 문

門人이 不敬子路한대 子ㅣ 曰由也는 升堂矣요
문 인 　 불 경 자 로 　　 자 왈 유 야 　 승 당 의

未入於室也니라.
미 입 어 실 야

⑮ 子貢이 問師與商也ㅣ 孰賢이니잇고? 子ㅣ 曰師
자 공 　 문 사 여 상 야 　 숙 현 　　　　　　 자 왈 사

也는 過하고 商也는 不及이니라. 曰然則師ㅣ 愈
야 　 과 　　 상 야 　 불 급 　　　 왈 연 즉 사 　 유

與잇가? 子ㅣ 曰過猶不及이니라.
여 　　　 자 왈 과 유 불 급

⑯ 季氏ㅣ 富於周公이어늘 而求也ㅣ 爲之聚斂
계 씨 　 부 어 주 공 　　　 이 구 야 　 위 지 취 렴

而附益之한대 子ㅣ 曰非吾徒也로소니 小子아!
이 부 익 지 　　　 자 왈 비 오 도 야 　　　 소 자

鳴鼓而攻之可也니라.
명 고 이 공 지 가 야

⑰ 柴也는 愚하고 參也는 魯하고
시 야 　 우 　　 참 야 　 노

師也는 辟하고 由也는 喭이니라.
사 야 　 벽 　　 유 야 　 언

⑱ 子ㅣ 曰回也는 其庶乎요 屢空이니라.
자 왈 회 야 　 기 서 호 　 누 공

- 공자께서 말씀하셨다. "저 사람(민자건)이 말을 하지 않을지언정, 말을 하면 반드시 적절한 말을 한다."

⑭ 공자께서 말씀하셨다. "유(자로)의 비파 가락을 어찌 나의 문에서 연주하는가?"
- 문인들이 자로를 공경하지 않자, 공자께서 말씀하셨다. "유는 당에는 올랐으나 아직 방에 들어오지는 못한 것이다."

⑮ 자공이 물었다. "사(자장)와 상(자하)은 누가 낫습니까?"
- 공자께서 말씀하셨다. "사는 지나치고, 상은 미치지 못한다."
- 다시 물었다. "그러면 사가 낫습니까?"
- 공자께서 말씀하셨다. "지나침은 미치지 못함과 같다."

⑯ 계씨가 주공보다 부유하였는데도 구(염구)가 그를 위해 세금을 걷어 재산을 더 늘려주었다.
- 공자께서 말씀하셨다. "(염구는) 우리 무리가 아니니, 소자들아! 북을 울려 성토하는 것이 옳다."

⑰ 시(고시:자고)는 어리석고, 참(증자)은 둔하고, 사(자장)는 한쪽(겉·행동)만 잘하고, 유(자로)는 거칠다.
┃魯:노둔할 로. 辟:치우칠 벽(≒僻). 喭:조잡할 언.

⑱ 공자께서 말씀하셨다. "안회는 도에 가까웠으나 자주 끼니를 굶었다. ┃屢:여러 번 루.

[11] 선진

賜는 不受命이요 而貨殖焉이나 億則屢中이니라.
사 불수명 이화식언 억즉누중

⑲ 子張이 問善人之道한대
자장 문선인지도

子ㅣ 曰 不踐迹이나 亦不入於室이니라.
자 왈 불천적 역불입어실

⑳ 子ㅣ 曰 論篤을 是與면
자 왈 논독 시여

君子者乎아? 色莊者乎아?
군자자호 색장자호

㉑ 子路ㅣ 問聞斯行諸잇가? 子ㅣ 曰 有父兄이
자로 문문사행저 자 왈 유부형

在하니 如之何其聞斯行之리오?
재 여지하기문사행지

冉有ㅣ 問聞斯行諸잇가? 子ㅣ 曰 聞斯行之니라.
염유 문문사행저 자 왈 문사행지

公西華ㅣ 曰 由也ㅣ 問聞斯行諸어늘 子ㅣ 曰
공서화 왈 유야 문문사행저 자 왈

有父兄在라하시고 求也ㅣ 問聞斯行諸어늘 子ㅣ
유부형재 구야 문문사행저 자

曰 聞斯行之라하시니 赤也ㅣ 惑하야 敢問하노이다.
왈 문사행지 적야 혹 감문

子ㅣ 曰 求也는 退故로 進之하고 由也는 兼人故
자 왈 구야 퇴고 진지 유야 겸인고

로 退之호라.
퇴지

- 사(자공)는 천명을 받아들이지 못하고 재화를 늘렸으나 예측하면 자주 맞았다."

⑲ 자장이 착한 사람의 도에 대하여 묻자, 공자께서 말씀하셨다. "성인의 자취를 밟지 않았으나 또한 방까지는 들어가지 못한다."(성인의 자취를 밟지 않으면 또한 방에 들어갈 수 없다)

⑳ 공자께서 말씀하셨다. "언론이 독실한 사람을 인정해서 친히 한다면 군자다운 자인가? 얼굴만 엄숙한 자인가?"

㉑ 자로가 물었다. "들으면 곧 실행하여야 합니까?"
- 공자께서 말씀하셨다. "부형이 계시니, 어찌 들었다 해서 곧 실행할 수 있겠는가?"
- 염유가 물었다. "들으면 곧 실행하여야 합니까?"
- 공자께서 말씀하셨다. "들으면 곧 실행해야 한다."
- 공서화가 물었다. "유(자로)가 '들으면 곧 실행하여야 합니까?' 하고 물음에, 선생님께서 '부형이 계시다' 하셨고, 구(염유)가 '들으면 곧 실행하여야 합니까?' 하고 물음에, 선생님께서 '들으면 곧 실행해야 한다'고 대답하시니, 저는 의심스러워 감히 묻습니다."
- 공자께서 말씀하셨다. "구는 물러나므로 나아가게 한 것이고, 유는 남보다 앞서므로 물러나게 한 것이다."

㉒ 子ㅣ 畏於匡하실새 顏淵이 後러니

子ㅣ 曰 吾ㅣ 以女爲死矣라호라.

曰 子ㅣ 在어시니 回ㅣ 何敢死리잇고?

㉓ 季子然이 問仲由·冉求는 可謂大臣與잇가?

子ㅣ 曰 吾ㅣ 以子爲異之問이러니 曾由與求之問이로다. 所謂大臣者는 以道事君하다가 不可則止하나니 今由與求也는 可謂具臣矣니라.

曰 然則從之者與잇가?

子ㅣ 曰 弑父與君은 亦不從也리라.

㉔ 子路ㅣ 使子羔로 爲費宰한대 子ㅣ 曰 賊夫人之子로다. 子路ㅣ 曰 有民人焉하며 有社稷焉하니 何必讀書然後에 爲學이리잇고?

子ㅣ 曰 是故로 惡夫佞者하노라.

㉒ 공자께서 광 땅에서 두려운 일을 당하셨을 적에 안연이 뒤쳐졌었는데, 공자께서 말씀하셨다. "나는 네가 죽은 줄로 여겼다."
  ◆ 안회가 말하였다. "선생님께서 계신데 제가 어찌 감히 죽겠습니까?"

㉓ 계자연이 물었다. "중유(자로)·염구는 대신이라고 이를 만합니까?"
  ◆ 공자께서 말씀하셨다. "나는 그대가 특이한 것을 물을 줄 알았는데, 겨우 유와 구를 묻는구나! 이른바 대신이란 도로써 군주를 섬기다가 안 되면 그만두는 것이다. 지금 유와 구는 자리만 채우는 신하라고 말할 만하다."
  ◆ "그렇다면 따르기만 하는 자들입니까?"
  ◆ 공자께서 말씀하셨다. "아버지와 임금을 시해하는 일은 또한 따르지 않을 것이다."

㉔ 자로가 자고(고시)를 비읍의 읍재로 삼자, 공자께서 말씀하셨다. "남의 아들을 해치는구나!"
  ◆ 자로가 말하였다. "백성이 있고 사직이 있으니, 하필 글을 읽은 뒤에야 학문을 하는 것이겠습니까?"
  ◆ 공자께서 말씀하셨다. "이런 까닭에 말재주 있는 자를 미워하는 것이다."

㉕ 子路·曾晳·冉有·公西華ㅣ 侍坐러니
자로 증석 염유 공서화 시좌

子ㅣ曰 以吾ㅣ 一日長乎爾나 毋吾以也하라.
자 왈 이오 일일장호이 무오이야

居則曰 不吾知也라하나니 如或知爾면 則何以哉오?
거즉왈 불오지야 여혹지이 즉하이 재

子路ㅣ 率爾而對曰 千乘之國이 攝乎大國之間하야 加之以師旅요 因之以饑饉이어든 由也ㅣ 爲之면 比及三年하야 可使有勇이요 且知方也케호리이다. 夫子ㅣ 哂之하시다.
자로 솔이이대왈 천승지국 섭호대국지간 가지이사려 인지이기근 유야 위지 비급삼년 가사유용 차지방야 부자 신지

求아 爾는 何如오? 對曰 方六七十과 如五六十에 求也ㅣ 爲之면 比及三年하야 可使足民이어니와 如其禮樂엔 以俟君子호리이다.
구 이 하여 대왈 방육칠십 여오륙십 구야 위지 비급삼년 가사족민 여기예악 이사군자

赤아 爾는 何如오? 對曰 非曰能之라 願學焉하노이다. 宗廟之事와 如會同에 端章甫로 願爲小
적 이 하여 대왈 비왈능지 원학언 종묘지사 여회동 단장보 원위소

㉕ 자로·증석·염유·공서화가 모시고 앉았는데, 공자께서 말씀하셨다. "내가 하루라도 너희들보다 나이가 많다고 하여 나를 어렵게 여기지 말라. 너희들이 평소에 말하기를 '나를 알아주지 않는다'고 하는데, 만일 혹시라도 너희들을 알아준다면 어찌 하겠느냐?"

자로가 경솔히 대답하였다. "천승의 나라가 큰 나라의 사이에 끼어 있어 전쟁이 일어나고 기근이 들어도, 제가 다스려 3년쯤 되면 백성들이 용기가 있고 또 방향을 알게 할 수 있습니다."
• 공자께서 빙그레 웃으셨다.

> 率爾 : 가볍게 갑자기 하는 모습. 比 : 미칠 비. 哂 : 미소지을 신.

"구(염유)야! 너의 뜻은 어떠하냐?"
• 대답하여 말하였다. "사방 60~70리, 혹은 50~60리쯤 되는 나라를 제가 다스리면, 3년쯤 되어서 백성들을 풍족하게 할 수 있겠지만, 예악으로 말하면 군자를 기다리겠습니다."

"적(공서화)아, 너의 뜻은 어떠하냐?"
• 대답하여 말하였다. "제가 능하다는 말이 아니오라, 배우기를 원합니다. 종묘의 일과 제후들이 회동할 때에 현단복玄端服을 입고 장보관章甫冠을 쓰고 조금 돕고자 합니다."

相焉하노이다.
상 언

點아 爾는 何如오? 鼓瑟希러니 鏗爾舍瑟而作
점 이 하여 고슬희 갱이사슬이작

하야 對曰 異乎三子者之撰호이다.
대왈 이호삼자자지선

子ㅣ 曰 何傷乎리오? 亦各言其志也니라.
자 왈 하상호 역각언기지야

曰 莫春者에 春服이 旣成이어든 冠者五六人과
왈 모춘자 춘복 기성 관자오륙인

童子六七人으로 浴乎沂하야 風乎舞雩하야 詠
동자육칠인 욕호기 풍호무우 영

而歸호리이다. 夫子ㅣ 喟然嘆曰 吾與點也하노라.
이귀 부자 위연탄왈 오여점야

三子者ㅣ 出커늘 曾晳이 後러니 曾晳이 曰 夫三
삼자자 출 증석 후 증석 왈 부삼

子者之言이 何如하니잇고?
자자지언 하여

子ㅣ 曰 亦各言其志也已矣니라.
자 왈 역각언기지야이의

曰 夫子ㅣ 何哂由也시니잇고? 曰 爲國以禮어늘
왈 부자 하신유야 왈 위국이례

其言이 不讓이라. 是故로 哂之호라.
기언 불양 시고 신지

唯求則非邦也與잇가? 安見方六七十과 如
유구즉비방야여 안견방육칠십 여

"점(증석:증자의 아버지)아, 너의 뜻은 어떠하냐?"
- 비파 타기를 주춤주춤 하더니 툭 하고 비파를 놓으며 일어나 대답하였다. "세 사람이 말한 것과는 다릅니다."
- 공자께서 말씀하셨다. "무엇이 문제겠는가? 또한 각기 자기의 뜻을 말하는 것이다."

- "늦봄에 봄옷이 만들어지면 갓을 쓴 어른 5~6명과 동자 6~7명과 함께 기수에서 목욕하고 무우에서 바람 쐬고 노래하면서 돌아오겠습니다."
- 공자께서 '아!' 하고 감탄하시며 말씀하셨다. "나는 점과 같이 하겠다."

세 사람이 나가자, 증석이 뒤에 남았다가 말하였다. "저 세 사람의 말이 어떻습니까?"
- 공자께서 대답하셨다. "또한 각각 제 뜻을 말했을 뿐이다."

- "선생님께서는 어찌하여 유에 대하여 미소지으셨습니까?"
- "나라를 다스리는 것은 예로써 해야 하는데, 그의 말이 겸손하지 않았다. 그러므로 미소 지은 것이다."

"구가 말한 것은 나라를 다스리는 일이 아닙니까?"
- "사방 60리~70리 또는 50~60리가 되고서 나라가 아닌 것

[11] 선진

五六十而非邦也者리오?
오 륙 십 이 비 방 야 자

唯赤則非邦也與잇가? **宗廟會同**이 **非諸侯**
유 적 즉 비 방 야 여   종 묘 회 동   비 제 후

而何오? **赤也**│ **爲之小**면 **孰能爲之大**리오?
이 하   적 야   위 지 소   숙 능 위 지 대

을 어디서 보겠느냐?"

• "적이 말한 것은 나라를 다스리는 일이 아닙니까?"
• "종묘의 일과 회동하는 일이 제후의 일이 아니고 무엇이겠느냐? 적이 작은 재상이 된다면 누가 능히 큰 재상이 될 수 있겠는가?"

【12】顔淵

① 顔淵이 問仁한대 子ㅣ 曰 克己復禮ㅣ 爲仁이니
안 연   문 인   자   왈 극 기 복 례   위 인

一日克己復禮면 天下ㅣ 歸仁焉하나니 爲仁이
일 일 극 기 복 례   천 하   귀 인 언   위 인

由己니 而由人乎哉아?
유 기   이 유 인 호 재

顔淵이 曰 請問其目하노이다.
안 연   왈 청 문 기 목

子ㅣ 曰 非禮勿視하며 非禮勿聽하며 非禮勿言
자   왈 비 례 물 시   비 례 물 청   비 례 물 언

하며 非禮勿動이니라.
     비 례 물 동

顔淵이 曰 回雖不敏이나 請事斯語矣로리이다.
안 연   왈 회 수 불 민   청 사 사 어 의

② 仲弓이 問仁한대 子ㅣ 曰 出門如見大賓하며
중 궁   문 인   자   왈 출 문 여 견 대 빈

使民如承大祭하고 己所不欲을 勿施於人이니
사 민 여 승 대 제   기 소 불 욕   물 시 어 인

在邦無怨하며 在家無怨이니라.
재 방 무 원   재 가 무 원

仲弓이 曰 雍雖不敏이나 請事斯語矣로리이다.
중 궁   왈 옹 수 불 민   청 사 사 어 의

【12】안 연 (총 24장)

① 안연이 인에 대하여 묻자, 공자께서 말씀하셨다. "자기의 사욕을 이겨 예에 돌아가는 것이 인을 행하는 것이니, 하루 동안이라도 자기의 사욕을 이겨 예에 돌아가면 천하가 인에 돌아갈 것이다. 인을 행하는 것은 자기로 말미암는 것이지, 남으로 말미암는 것이겠는가?"

◆ 안연이 말하였다. "그 조목을 묻겠습니다."
◆ 공자께서 말씀하셨다. "예가 아니면 보지 말며, 예가 아니면 듣지 말며, 예가 아니면 말하지 말며, 예가 아니면 움직이지 말 것이다."
◆ 안연이 말하였다. "제가 비록 민첩하지 못하지만 청컨대 이 말씀을 일삼겠습니다."

② 중궁(염옹)이 인에 대하여 묻자, 공자께서 말씀하셨다. "문을 나갔을 때에는 큰 손님을 뵌 듯이 하며, 백성에게 일을 시킬 때에는 큰 제사를 받들 듯이 하고, 자기가 하고자 하지 않은 것을 남에게 베풀지 말아야 하니, 이렇게 하면 나라에 있어서도 원망함이 없으며, 집안에 있어서도 원망함이 없을 것이다."

◆ 중궁이 말하였다. "제가 비록 민첩하지 못하지만 청컨대 이 말씀을 일삼겠습니다."

③ 司馬牛ㅣ 問仁한대 子ㅣ 曰 仁者는 其言也ㅣ
   사마우   문인   자   왈 인자   기언야

訒이니라. 曰 其言也ㅣ 訒이면 斯謂之仁矣乎잇가?
인   왈 기언야   인   사위지인의호

子ㅣ 曰 爲之難하니 言之得無訒乎아?
자   왈 위지난   언지득무인호

④ 司馬牛ㅣ 問君子한대 子ㅣ 曰 君子는 不憂不
   사마우   문군자   자   왈 군자   불우불

懼니라. 曰 不憂不懼면 斯謂之君子矣乎잇가?
구   왈 불우불구   사위지군자의호

子ㅣ 曰 內省不疚어니 夫何憂何懼리오?
자   왈 내성불구   부하우하구

⑤ 司馬牛ㅣ 憂曰 人皆有兄弟어늘 我獨亡로다.
   사마우   우왈 인개유형제   아독무

子夏ㅣ 曰 商은 聞之矣로니 死生이 有命이요 富
자하   왈 상   문지의   사생   유명   부

貴ㅣ 在天이라호라. 君子ㅣ 敬而無失하며 與人恭
귀   재천   군자   경이무실   여인공

而有禮면 四海之內ㅣ 皆兄弟也니 君子ㅣ 何
이유례   사해지내   개형제야   군자   하

患乎無兄弟也리오?
환호무형제야

⑥ 子張이 問明한대 子ㅣ 曰 浸潤之譖과 膚受之
   자장   문명   자   왈 침윤지참   부수지

愬ㅣ 不行焉이면 可謂明也已矣니라.
소   불행언   가위명야이의

③ 사마우가 인에 대하여 묻자, 공자께서 말씀하셨다. "인한 사람은 그 말하는 것이 조심(참아서 함)스럽다."
 • "그 말하는 것을 조심스럽게 하면 바로 인이라 이를 수 있습니까?"
 • 공자께서 말씀하셨다. "(말한대로) 행하기가 어려우니, 말을 하는데 조심하지 않을 수 있겠는가?"
  ▮訒 : 함부로 말하지 않을 인, 참을 인.

④ 사마우가 군자에 대하여 묻자, 공자께서 말씀하셨다. "군자는 근심하지 않으며 두려워하지 않는다."
 • "근심하지 않으며 두려워하지 않으면 곧 군자라 이를 수 있습니까?"
 • 공자께서 말씀하셨다. "안으로 반성하여 허물이 없으니, 무엇을 근심하며 무엇을 두려워하겠는가?"
  ▮懼 : 두려워 할 구. 疚 : 양심에 가책을 느낄 구.

⑤ 사마우가 걱정하면서 말하였다. "사람들은 모두 형제가 있는데 나만 없구나!"
 • 자하가 말하였다. "나는 들으니, 살고 죽는 것은 명에 달려 있고, 부와 귀는 하늘에 달려 있다고 하였다. 군자가 공경하고 잘못이 없으며, 남과 더불어 공손하고 예가 있으면 사해의 안이 다 형제이니, 군자가 어찌 형제가 없음을 걱정하겠는가?"

⑥ 자장이 현명함에 대하여 묻자, 공자께서 말씀하셨다. "서서히 젖어드는 참소와 피부로 받는 하소연이 행해지지 않는다면 현명하다고 이를 만하다.
  ▮浸 : 스며들 침. 譖 : 참소할 참. 愬 : 하소연 할, 일러바칠 소..

浸潤之譖과 膚受之愬ㅣ 不行焉이면 可謂遠
침윤지참   부수지소   불행언   가위원

也已矣니라.
야이의

⑦ 子貢이 問政한대 子ㅣ 曰 足食足兵이면 民이 信
  자공   문정   자 왈 족식족병   민 신

之矣리라.
지의

子貢이 曰 必不得已而去인댄 於斯三者에 何
자공   왈 필부득이이거   어사삼자   하

先이리잇고? 曰 去兵이니라.
선   왈 거병

子貢이 曰 必不得已而去인댄 於斯二者에 何
자공   왈 필부득이이거   어사이자   하

先이리잇고? 曰 去食이니 自古皆有死어니와 民無
선   왈 거식   자고개유사   민무

信不立이니라.
신불립

⑧ 棘子成이 曰 君子는 質而已矣니 何以文爲
  극자성   왈 군자   질이이의   하이문위

리오? 子貢이 曰 惜乎라! 夫子之說이 君子也나
      자공 왈 석호   부자지설   군자야

駟不及舌이로다. 文猶質也며 質猶文也니 虎
사불급설   문유질야   질유문야   호

豹之鞹이 猶犬羊之鞹이니라.
표지곽   유견양지곽

◆ 서서히 젖어드는 참소와 피부로 받는 하소연이 행해지지 않는다면 아주 현명하다고 이를 만하다."

⑦ 자공이 정치에 대하여 묻자, 공자께서 말씀하셨다. "먹을 것이 풍족하고, 병력이 풍족하면 백성들이 믿을 것이다."

◆ 자공이 말하였다. "반드시 부득이해서 버린다면 이 세 가지 중에 무엇을 먼저 버려야 합니까?"
◆ 공자께서 말씀하셨다. "병력을 버려야 한다."

◆ 자공이 말하였다. "반드시 부득이해서 버린다면 이 두 가지 중에 무엇을 먼저 버려야 합니까?"
◆ 공자께서 말씀하셨다. "먹을 것을 버려야 하니, 예로부터 누구나 다 죽지만, 백성들이 믿어 주지 않으면 설 수 없는 것이다.

⑧ 극자성이 말하였다. "군자는 바탕일 뿐이니, 꾸밈을 어디에 쓰겠는가?"
◆ 자공이 말하였다. "애석하다! 그 사람의 말이 군자다우나 네 마리의 말이 끄는 수레도 혓바닥을 따라 잡지 못할 것이다. 꾸밈이 바탕과 같으며, 바탕이 꾸밈과 같은 것이니, 호랑이나 표범의 털없는 가죽은 개나 양의 털없는 가죽과 같은 것이다(털이 없다면 구별하기가 힘든 것이다)."

▌駟 : 사마 사.   鞟 : 털만 벗긴 날가죽 곽

⑨ 哀公이 問於有若曰 年饑用不足하니 如之何
　　애공　　문어유약왈　년기용부족　　　　여지하

오? 有若이 對曰 盍徹乎시니잇고?
　　　유약　　대왈 합철호

曰 二도 吾猶不足이어니 如之何其徹也리오?
왈 이　　오유부족　　　　여지하기철야

對曰 百姓이 足이면 君孰與不足이며 百姓이
대왈 백성　　족　　　　군숙여부족　　　백성

不足이면 君孰與足이리잇고?
부족　　　군숙여족

⑩ 子張이 問崇德辨惑한대 子ㅣ 曰 主忠信하며
　　자장　　문숭덕변혹　　　　자　왈 주충신

徙義ㅣ 崇德也니라. 愛之란 欲其生하고 惡之란
사의　　숭덕야　　　　애지　　욕기생　　　오지

欲其死하나니 旣欲其生이요 又欲其死ㅣ 是ㅣ
욕기사　　　　기욕기생　　　우욕기사　　시

惑也니라. 誠不以富요 亦祗以異로다.
혹야　　　　성불이부　　역지이이

⑪ 齊景公이 問政於孔子한대 孔子ㅣ 對曰 君君
　　제경공　　문정어공자　　　공자　　대왈 군군

臣臣父父子子니이다.
신신부부자자

公이 曰 善哉라! 信如君不君하며 臣不臣하며 父
공　왈 선재　　　신여군불군　　　신불신　　　부

不父하며 子不子면 雖有粟이나 吾得而食諸아?
불부　　　자부자　　수유속　　　오득이식저

⑨ 애공이 유약에게 물었다. "해가 흉년이 들어서 재용이 부족하니, 어찌해야 하겠는가?"

- 유약이 대답하였다. "어찌하여 철법을 쓰지 않습니까?"
- 애공이 말하였다. "10분의 2도 내 오히려 부족한데, 어떻게 철법을 쓰겠는가?"
- 유약이 대답하였다. "백성이 풍족하면 임금께서 누구와 더불어 부족하실 것이며, 백성이 풍족하지 못하다면 임금께서 누구와 더불어 풍족하시겠습니까?"

▎徹 : 통할 철, 균등할 철, 정전법(1/10의 세금을 걷는 법) 철.

⑩ 자장이 덕을 높이고, 의혹을 분별하는 것에 대하여 묻자, 공자께서 말씀하셨다.
"충과 신을 위주로 하며 의로 옮아가는 것이 덕을 높이는 것이다. 사랑할 때에는 살기를 바랐는데, 미워할 때에는 죽기를 바라니, 살기를 바라고 또 죽기를 바라는 것이 의혹이다. (『시경』의) '진실로 부유해서가 아니라, 또한 다만 색다름을 취한 것일 뿐이다.'"

"誠不以富 亦祇以異"는 『시경·小雅·我行其野(我行其野 言采 其蓫 不思舊姻 求爾新特 成不以富 亦祇以異)』에 나오는 글로, 程子는 16편 12장의 앞머리에 놓여야 옳다고 하였다.

⑪ 제나라 경공이 공자에게 정치를 묻자, 공자께서 대답하셨다. "임금은 임금답고, 신하는 신하다우며, 아버지는 아버지답고, 자식은 자식다워야 합니다."

- 공이 말하였다. "맞습니다. 진실로 만일 임금이 임금답지 못하고, 신하가 신하답지 못하며, 아버지가 아버지답지 못하고, 자식이 자식답지 못한다면, 비록 곡식이 있더라도 내가 그것을 먹을 수 있겠습니까?"

⑫ 子ㅣ 曰 片言에 可以折獄者는 其由也與인져!
　　자　왈　편언　　가이절옥자　　기유야여

　子路는 無宿諾이러라.
　자로　　무숙낙

⑬ 子ㅣ 曰 聽訟이 吾猶人也나 必也使無訟乎인져!
　　자　왈　청송이　오유인야　필야사무송호

⑭ 子張이 問政한대 子ㅣ 曰 居之無倦하며 行之以忠이니라.
　　자장　문정　　자　왈　거지무권　　행지이충

⑮ 子ㅣ 曰 博學於文이요 約之以禮면 亦可以弗畔矣夫인져!
　　자　왈　박학어문　　약지이례　역가이불반의부

⑯ 子ㅣ 曰 君子는 成人之美하고 不成人之惡하나니 小人은 反是니라.
　　자　왈　군자　성인지미　　불성인지악　　　소인　반시

⑰ 季康子ㅣ 問政於孔子한대 孔子ㅣ 對曰 政者는 正也니 子帥以正이면 孰敢不正이리오?
　　계강자　문정어공자　　공자　대왈　정자　정야　자솔이정　　숙감부정

⑱ 季康子ㅣ 患盜하야 問於孔子한대 孔子ㅣ 對曰
　　계강자　환도　　문어공자　　공자　대왈

⑫ 공자께서 말씀하셨다. "한 마디 말로 옥사를 결단할 수 있는 자는 아마도 유(자로)일 것 같다. 자로는 승낙한 것을 묵혀 두는 일이 없더라."
▎折 : 자를 절. 宿 : 묵을 숙, 잘 숙.

⑬ 공자께서 말씀하셨다. "송사를 결단함은 나도 남과 같으나 반드시 송사가 없게 하겠다.

⑭ 자장이 정치를 묻자, 공자께서 말씀하셨다. "일없이 있을 때에는 게으름이 없으며, 행할 때에는 성실한 마음으로 해야 한다."

⑮ 공자께서 말씀하셨다. "군자가 글을 널리 배우고 예로써 단속하면 또한 도에 어긋나지 않을 것이로다."
▎옹야편 25장에 나온 글임.

⑯ 공자께서 말씀하셨다. "군자는 남의 아름다운 점을 이루어 주고, 남의 나쁜 점을 이루어 주지 않지만, 소인은 이와 반대이다.

⑰ 계강자가 공자에게 정치에 대해 묻자, 공자께서 대답하셨다. "정치란 바르게 하는 것이니, 그대가 바름으로써 이끈다면 누가 감히 바르지 않겠습니까?"

⑱ 계강자가 도둑을 걱정하여 공자께 대책을 묻자, 공자께서 대답하셨다.

苟子之不欲이면 雖賞之라도 不竊하리라.
구자지불욕   수상지   부절

⑲ 季康子 | 問政於孔子曰 如殺無道하야 以
계강자 문정어공자왈 여살무도   이

就有道인댄 何如하니잇고?
취유도   하여

孔子 | 對曰 子 | 爲政에 焉用殺이리오? 子 |
공자 대왈 자 위정 언용살   자

欲善이면 而民이 善矣리니 君子之德은 風이요
욕선   이민 선의   군자지덕 풍

小人之德은 草라 草上之風이면 必偃하나니라.
소인지덕 초   초상지풍   필언

⑳ 子張이 問士 | 何如라야 斯可謂之達矣니잇고?
자장 문사 하여   사가위지달의

子 | 曰 何哉오? 爾所謂達者여!
자   왈 하재   이소위달자

子張이 對曰 在邦必聞하며 在家必聞이니이다.
자장 대왈 재방필문   재가필문

子 | 曰 是는 聞也라. 非達也니라. 夫達也者는
자   왈 시 문야   비달야   부달야자

質直而好義하며 察言而觀色하야 慮以下人
질직이호의   찰언이관색   려이하인

하나니 在邦必達하며 在家必達이니라.
      재방필달   재가필달

"진실로 그대가 탐욕을 부리지 않는다면, 비록 상을 준다 하더라도 도둑질하지 않을 것입니다."

⑨ 계강자가 공자께 정사를 묻기를 "만일 무도한 자를 죽여서 도가 있는 데로 나아가게 하면 어떻습니까?"

- 공자께서 대답하셨다. "그대가 정치를 하면서 어찌 죽이는 일을 하겠습니까? 그대가 선을 하고자 하면 백성들은 선해지는 것이니, 군자의 덕은 바람이요, 소인의 덕은 풀입니다. 풀 위에 바람이 불면 풀은 반드시 쓰러집니다."

■ 偃 : 쓰러질 언.

⑩ 자장이 물었다. "선비가 어떠하여야 통달한 사람이라 이를 수 있습니까?"

- 공자께서 말씀하셨다. "무엇인가? 네가 말하는 통달한 사람이란 것이!"

- 자장이 대답하였다. "나라에 있어서도 반드시 소문이 나며, 집안에 있어서도 반드시 소문이 나는 것입니다."

- 공자께서 말씀하셨다. "그것은 소문난 사람이지 통달한 사람은 아니다. 통달한 사람이란 질박하며 정직하고 의를 좋아하며, 남의 말을 살피고 얼굴빛을 관찰하여 생각해서 몸을 낮추는 것이니, 나라에 있어서도 반드시 통달하며, 집안에 있어서도 반드시 통달하게 되는 것이다.

夫聞也者는 色取仁而行違요 居之不疑하나니
부 문 야 자   색 취 인 이 행 위   거 지 불 의

在邦必聞하며 在家必聞이니라.
재 방 필 문   재 가 필 문

㉑ 樊遲ㅣ 從遊於舞雩之下러니 曰 敢問崇德
번 지   종 유 어 무 우 지 하   왈 감 문 숭 덕

修慝辨惑하노이다.
수 특 변 혹

子ㅣ 曰 善哉라! 問이여! 先事後得이 非崇德與아
자   왈 선 재   문   선 사 후 득 이 비 숭 덕 여

攻其惡이요 無攻人之惡이 非修慝與아? 一朝
공 기 악   무 공 인 지 악 이 비 수 특 여   일 조

之忿으로 忘其身하야 以及其親이 非惑與아?
지 분   망 기 신   이 급 기 친 이 비 혹 여

㉒ 樊遲ㅣ 問仁한대 子ㅣ 曰 愛人이니라.
번 지 문 인   자   왈 애 인

問知한대 子ㅣ 曰 知人이니라. 樊遲ㅣ 未達이어늘
문 지   자   왈 지 인   번 지   미 달

子ㅣ 曰 擧直錯諸枉이면 能使枉者直이니라.
자   왈 거 직 조 저 왕   능 사 왕 자 직

樊遲ㅣ 退하야 見子夏曰 鄕也에 吾ㅣ 見於夫
번 지   퇴   견 자 하 왈 향 야   오   현 어 부

子而問知호니 子ㅣ 曰 擧直錯諸枉이면 能使
자 이 문 지   자   왈 거 직 조 저 왕   능 사

枉者直이라하시니 何謂也오?
왕 자 직   하 위 야

◆ 소문난 사람이란 얼굴빛은 인을 취하나 행실은 위배되며 그렇게 머물면서도 (그 잘못된 점에 대해서) 의심하지 않으니, 나라에 있어서도 반드시 소문이 나며, 집에 있어서도 반드시 소문이 난다."

㉑ 번지가 공자를 따라 무우 아래서 놀면서 말하였다. "감히 덕을 높이며, 사특함을 닦아내며, 미혹을 분별하는 것에 대하여 묻겠습니다."

◆ 공자께서 말씀하셨다. "좋구나! 네 질문이여! 일을 우선으로 하고 소득을 뒷전으로 함이 덕을 높이는 것이 아니겠는가? 자기의 악함을 다스리고 남의 악함을 다스리지 않는 것이 사특함을 닦아내는 것이 아니겠는가? 하루아침의 분노로 자신을 잊어서 부모에게까지 (그 화가) 미치게 하는 것이 미혹이 아니겠는가?"

㉒ 번지가 인에 대하여 묻자, 공자께서 말씀하셨다. "사람을 사랑하는 것이다."

◆ 지에 대하여 묻자, 공자께서 말씀하셨다. "사람을 아는 것이다."

◆ 번지가 알아듣지 못하자, 공자께서 말씀하셨다. "곧은 사람을 들어서 굽은 사람 위에 두면 굽은 사람으로 하여금 곧게 할 수 있는 것이다."

◆ 번지가 물러가서 자하를 만나보고 물었다. "지난번에 선생님을 뵙고 지에 대하여 물었더니, 선생님께서 '곧은 사람을 들어서 굽은 사람 위에 두면 굽은 사람으로 하여금 곧게 할 수 있다' 하셨으니, 무슨 말씀인가?"

子夏ㅣ 曰 富哉라! 言乎여! 舜有天下에 選於衆하사 擧皐陶하시니 不仁者ㅣ 遠矣요 湯有天下에 選於衆하사 擧伊尹하시니 不仁者ㅣ 遠矣니라.

㉓ 子貢이 問友한대 子ㅣ 曰 忠告而善道之호대 不可則止하야 無自辱焉이니라.

㉔ 曾子ㅣ 曰 君子는 以文會友하고 以友輔仁이니라

• 자하가 말하였다. "크고 넉넉하구나. 그 말씀이여! 순임금이 천하를 소유하실 때 여러 사람들 중에서 선발하여 고요를 들어 쓰시니, 불인한 자들이 멀리 사라졌고, 탕임금이 천하를 소유함에 여러 사람들 중에 선발하여 이윤을 들어 쓰시니, 불인한 자들이 멀리 사라졌다."

㉓ 자공이 벗에 대하여 묻자, 공자께서 말씀하셨다. "진심으로 말해주고 잘 인도하다가 안 되면 그만두어서 스스로를 욕되게 하지 말아야 한다."

告: 깨우칠 곡. 道: 인도할 도(≒導). 辱: 욕보일 욕.

㉔ 증자가 말하였다. "군자는 문으로써 벗을 모으고, 벗으로써 인을 돕는다."

【13】子路

① 子路ㅣ 問政한대 子ㅣ 曰 先之勞之니라.
자로 문정 자 왈 선지노지

請益한대 曰 無倦이니라.
청익 왈 무권

② 仲弓이 爲季氏宰라 問政한대
중궁 위계씨재 문정

子ㅣ 曰 先有司요 赦小過하며 擧賢才니라.
자 왈 선유사 사소과 거현재

曰 焉知賢才而擧之리잇고?
왈 언지현재이거지

曰 擧爾所知면 爾所不知를 人其舍諸아?
왈 거이소지 이소부지 인기사저

③ 子路ㅣ 曰 衛君이 待子而爲政하시나니 子將奚
자로 왈 위군 대자이위정 자장해

先이시리잇고? 子ㅣ 曰 必也正名乎인저!
선 자 왈 필야정명호

子路ㅣ 曰 有是哉라. 子之迂也여! 奚其正이시리
자로 왈 유시재 자지오야 해기정

잇고? 子ㅣ 曰 野哉라! 由也여! 君子ㅣ 於其所不
자 왈 야재 유야 군자 어기소부

知에 蓋闕如也니라. 名不正則言不順하고
지 개궐여야 명부정즉언불순

【13】자 로 (총 30장)

① 자로가 정치에 대하여 묻자, 공자께서 말씀하셨다. "솔선할 것이며 부지런해야 한다."
* 더 자세히 말씀해 주시기를 청하자 "게을리 하지 말아야 한다."고 하셨다.

② 중궁이 계씨의 재상이 되어 정치에 대하여 묻자, 공자께서 말씀하셨다. "유사에게 먼저 시키고 작은 허물을 용서해 주며, 어진 이와 유능한 이를 등용해야 한다."
* "어떻게 어진 이와 유능한 이를 알아 등용합니까?" 하고 묻자, 말씀하셨다.
* "네가 아는 어진 이와 유능한 이를 등용하면 네가 미처 모르는 자를 남들이 내버려 두겠느냐?"

③ 자로가 말하였다. "위나라 임금이 선생님을 맞이하여 정치를 하려고 하십니다. 선생님께서는 장차 무엇을 먼저 하시렵니까?"
* 공자께서 대답하셨다. "반드시 이름을 바로잡겠다."
* 자로가 말하였다. "이러하십니다! 선생님이 실정을 모르시는 것이! 어떻게 바로 잡으려 하십니까?"

▎迂 : 물정에 어두울 우.

* 공자께서 말씀하셨다. "비속하구나! 유(자로)여! 군자는 자기가 알지 못하는 것에 대하여서는 말하지 않는 것이다. 이름이 바르지 못하면 말이 이치에 순하지 못하고, 말이

言不順則事不成하고 事不成則禮樂이 不興하고 禮樂이 不興則刑罰이 不中하고 刑罰이 不中則民無所措手足이니라. 故로 君子ㅣ 名之인댄 必可言也며 言之인댄 必可行也니 君子ㅣ 於其言에 無所苟而已矣니라.
언불순즉사불성 사불성즉예악 불흥 예악 불흥즉형벌 부중 형벌 부중즉민무소조수족 고 군자 명지 필가언야 언지 필가행야 군자 어기 언 무소구이이의

④ 樊遲ㅣ 請學稼한대 子ㅣ 曰 吾不如老農호라.
번지 청학가 자 왈 오불여노농

請學爲圃한대 曰 吾不如老圃호라.
청학위포 왈 오불여노포

樊遲ㅣ 出커늘 子ㅣ 曰 小人哉라! 樊須也여!
번지 출 자 왈 소인재 번수야

上이 好禮則民莫敢不敬하고
상 호례즉민막감불경

上이 好義則民莫敢不服하고
상 호의즉민막감불복

上이 好信則民莫敢不用情이니 夫如是則四方之民이 襁負其子而至矣리니 焉用稼리오?
상 호신즉민막감불용정 부여시즉사 방지민 강부기자이지의 언용가

⑤ 子ㅣ 曰 誦詩三百호대 授之以政에 不達하며 使
자 왈 송시삼백 수지이정 부달 시

이치에 순하지 못하면 일이 이루어지지 못하고, 일이 이루어지지 못하면 예악이 일어나지 못하고, 예악이 일어나지 못하면 형벌이 알맞지 못하고, 형벌이 알맞지 못하면 백성들이 손발을 둘 곳이 없어진다. 그러므로 군자가 이름을 바르게 하면 반드시 이치에 맞는 말을 할 수 있으며, 말을 이치에 맞게 할 수 있으면 반드시 행할 수 있는 것이니, 군자는 그 말에 구차함이 없을 뿐이다(명분과 실질이 모두 갖추어져서 한쪽도 모자람이 없어야 한다)."

▎野 : 거칠고 통달하지 못할 야(≒不達). 蓋 : 덮을 개. 闕 : 빼놓을 궐. 措 : 둘 조. 苟 : 구차할 구.

④ 번지가 곡식 가꾸는 일을 배우기를 청하자 공자께서 말씀하셨다. "나는 곡식 가꾸는 늙은 농부만 못하다."

◆ 채소 가꾸는 일을 배우기를 청하자 말씀하셨다. "나는 채소 가꾸는 늙은 농부만 못하다."

◆ 번지가 나가자 공자께서 말씀하셨다. "소인이구나! 번수(번지)여! 윗사람이 예를 좋아하면 백성들이 윗사람을 공경하지 않는 이가 없고, 윗사람이 의를 좋아하면 백성들이 윗사람에게 복종하지 않는 이가 없고, 윗사람이 믿음을 좋아하면 백성들이 감히 진실하게 하지 않을 수 없는 것이다. 이렇게 되면 사방의 백성들이 그 아이를 포대기에 업고 올 것이니, 어찌 몸소 농사짓는 일을 하겠는가?"

▎稼 : 심을 가. 圃 : 밭 포. 襁 : 포대기 강.

⑤ 공자께서 말씀하셨다. "『시경』 삼백 편을 외우더라도, 정치를 맡겼을 때 제대로 해내지 못하고, 사방에 사신으로 나

於四方에 不能專對하면 雖多나 亦奚以爲리오?
어 사 방　불 능 전 대　　수 다　역 해 이 위

⑥ 子ㅣ 曰 其身이 正이면 不令而行하고
　자　왈 기 신　정　　불 령 이 행

其身이 不正이면 雖令不從이니라.
기 신　부 정　　수 령 부 종

⑦ 子ㅣ 曰 魯衛之政이 兄弟也로다!
　자　왈 노 위 지 정　형 제 야

⑧ 子ㅣ 謂衛公子荊하사대 善居室이로다. 始有에 曰
　자　위 위 공 자 형　　　선 거 실　　　시 유　왈

苟合矣라하고 少有에 曰 苟完矣라하고 富有에
구 합 의　　　소 유　왈 구 완 의　　　부 유

曰 苟美矣라하니라.
왈 구 미 의

⑨ 子ㅣ 適衛하실새 冉有ㅣ 僕이러니
　자　적 위　　　염 유　복

子ㅣ 曰 庶矣哉라! 冉有ㅣ 曰 旣庶矣어든
자　왈 서 의 재　　염 유　왈 기 서 의

又何加焉이리잇고? 曰 富之니라.
우 하 가 언　　　　왈 부 지

曰 旣富矣어든 又何加焉이리잇고? 曰 敎之니라.
왈 기 부 의　　우 하 가 언　　　　왈 교 지

⑩ 子ㅣ 曰 苟有用我者면 朞月而已라도 可也니
　자　왈 구 유 용 아 자　기 월 이 이　　가 야

三年이면 有成이리라.
삼 년　　유 성

가 혼자서 대처하지 못한다면, 비록 많이 외운다 한들 어디에 쓰겠는가?"

⑥ 공자께서 말씀하셨다. "그 몸이 바르면 명령하지 않아도 행해지고, 그 몸이 바르지 않으면 비록 명령한다 하더라도 따르지 않는다."

⑦ 공자께서 말씀하셨다. "노나라와 위나라의 정사는 형제로다!"

⑧ 공자께서 위나라의 왕자 형에 대해 말씀하셨다. "그는 집에 거처하기를 잘하였다. 처음 (가재도구가) 갖추어졌을 때에 말하기를 '그런대로 모여졌다'라고 하였고, 조금 갖추어졌을 때에 말하기를 '그런대로 완비되었다'라고 하였고, 많이 갖추어졌을 때 말하기를 '그런대로 아름답다'라고 하였다."

⑨ 공자께서 위나라에 가실 때에 염유(염구)가 수레를 몰았다.
- 공자께서 말씀하셨다. "백성들이 많기도 하구나."
- 염유가 말하였다. "이미 백성들이 많으면 또 무엇을 더하여야 합니까?"
- 공자께서 말씀하셨다. "부유하게 해주어야 한다."
- 말하기를 "이미 부유해지면 또 무엇을 더하여야 합니까?" 하자, "가르쳐야 한다."고 말씀하셨다.

┃適:갈 적. 僕:마부 복. 庶:많을 서.

⑩ 공자께서 말씀하셨다. "진실로 나를 쓰는 자가 있다면 일 년만 하더라도 괜찮을 것이니, 삼 년이면 이루어짐이 있을 것이다."

⑪ 子ㅣ 曰 善人이 爲邦百年이면 亦可以勝殘去
   자 왈 선인   위방백년   역가이승잔거

殺矣라하니 誠哉라. 是言也여!
살의   성재   시언야

⑫ 子ㅣ 曰 如有王者라도 必世而後仁이니라.
   자 왈 여유왕자   필세이후인

⑬ 子ㅣ 曰 苟正其身矣면 於從政乎에 何有며
   자 왈 구정기신의   어종정호   하유

不能正其身이면 如正人에 何오?
불능정기신   여정인   하

⑭ 冉子ㅣ 退朝어늘 子ㅣ 曰 何晏也오? 對曰有政
   염자   퇴조   자 왈 하안야   대왈유정

이러이다. 子ㅣ 曰 其事也로다. 如有政인댄 雖不吾
          자 왈 기사야   여유정   수불오

以나 吾其與聞之니라.
이   오기예문지

⑮ 定公이 問一言而可以興邦이라하나니 有諸잇가?
   정공 문일언이가이흥방   유저

孔子ㅣ 對曰 言不可以若是其幾也어니와 人
공자   대왈 언불가이약시기기야   인

之言曰爲君難하며 爲臣不易라하나니 如知爲
지언왈위군난   위신불이   여지위

君之難也인댄 不幾乎一言而興邦乎잇가?
군지난야   불기호일언이흥방호

曰 一言而喪邦이라하나니 有諸잇가?
왈 일언이상방   유저

⑪ 공자께서 말씀하셨다. "'선한 사람이 나라를 다스리기를 백 년 동안 하면 잔학한 사람을 교화시키고 사형을 없앨 수 있다.'라고 하니, 참으로 옳다! 이 말이여!"

▎勝 : 교화시켜 이겨나가게 할 승. 殘 : 잔학할 잔. 去 : 버릴 거.

⑫ 공자께서 말씀하셨다. "만일 (왕자의 덕이 있는) 왕이 있다 하더라도 반드시 한 세대가 지난 뒤에야 인해질 것이다."

⑬ 공자께서 말씀하셨다. "진실로 자신을 바르게 하면 정치를 하는 데에 무슨 어려움이 있겠으며, 자신을 바르게 할 수 없다면 남을 바르게 하는 것을 어떻게 할 수 있겠는가?"

⑭ 염자(염유)가 조정에서 물러나오자, 공자께서 말씀하셨다. "어찌하여 늦었는가?"

◆ 대답하여 말하였다. "정치하는 일이 있었습니다."

◆ 공자께서 말씀하셨다. "그것은 사사로운 일(季氏의 집안일) 이었을 것이다. 만일 정치하는 일이 있었다면 비록 나를 쓰지 않았으나 내가 참여하여 들었을 것이다."

▎晏 : 늦을 안. 政 : 國政. 事 : 家事(대부 가문의 일). 以 : 쓸 이, 등용할 이. 與 : 참여할 예.

⑮ 정공이 물었다. "한 마디 말로 나라를 일으킬 것이라 하니, 그러한 것이 있습니까?"

◆ 공자께서 대답하셨다. "말은 이와 같이 기약할 수는 없지만, 사람들 말에 '임금 노릇하기가 어려우며 신하 노릇하기가 쉽지 않다'고 하였으니, 만일 임금 노릇하기 어려움을 안다면 한 마디 말로 나라를 일으키는 것을 기약할 수 없겠습니까?"

◆ 정공이 말하였다. "한 마디 말로 나라를 잃을 것이라 하니, 그러한 것이 있습니까?"

孔子ㅣ 對曰 言不可以若是其幾也어니와 人
공자 대 왈 언불가이약시기기야   인

之言曰 予無樂乎爲君이요 唯其言而莫予
지언왈 여무락호위군   유기언이막여

違也라하나니 如其善而莫之違也인댄 不亦善
위야   여기선이막지위야   불역선

乎잇가? 如不善而莫之違也인댄 不幾乎一言
호   여불선이막지위야   불기호일언

而喪邦乎잇가?
이상방호

⑯ 葉公이 問政한대
   섭공   문정

子ㅣ 曰 近者ㅣ 說하며 遠者ㅣ 來니라.
자   왈 근자   열   원자   래

⑰ 子夏ㅣ 爲莒父宰라 問政한대
   자하   위거보재   문정

子ㅣ 曰 無欲速하며 無見小利니
자   왈 무욕속   무견소리

欲速則不達하고 見小利則大事ㅣ 不成이니라.
욕속즉부달   견소리즉대사   불성

⑱ 葉公이 語孔子曰 吾黨에 有直躬者하니
   섭공   어공자왈 오당   유직궁자

其父ㅣ 攘羊이어늘 而子ㅣ 證之하니이다.
기부   양양   이자   증지

* 공자께서 대답하셨다. "말은 이와 같이 기약할 수는 없지만, 사람들 말에 '나는 임금 노릇을 하는 데 다른 즐거움은 없고, 오직 내가 말을 하면 어기지 않는 것이 즐겁다'고 하였으니, 만일 선한 말을 하는데 어기지 않는다면 좋지 않겠습니까? 만일 선하지 않은 말을 하는데 어기지 않는다면 한 마디 말로 나라를 잃게 됨을 기약할 수 없겠습니까?"

⑥ 섭공이 정치에 대하여 묻자, 공자께서 말씀하셨다. "가까이 있는 자들은 기뻐하고, 먼 곳에 있는 자들은 오는 것이다."

⑦ 자하가 거보의 읍재가 되어 정치에 대하여 묻자, 공자께서 말씀하셨다.
"속히 하려고 하지 말고, 조그만 이익을 보지 말아야 한다. 속히 하려고 하면 잘 되지 않고, 조그만 이익을 보면 큰 일이 이루어지지 않는다."

⑧ 섭공이 공자께 말하였다. "우리 고을에 정직하게 행동하는 자가 있으니, 그의 아버지가 양을 훔치자, 아들이 그것을 증명하였습니다."

| 躬 : 몸소 행할 궁. 攘 : 남의 집 닭이나 개가 자신의 집에 들어온 것을 계기로 그것을 취함.

[13]
자로

孔子ㅣ 曰 吾黨之直者는 異於是하니 父爲
공자   왈 오당지직자   이어시   부위

子隱하며 子爲父隱하나니 直在其中矣니라.
자은   자위부은   직재기중의

⑲ 樊遲ㅣ 問仁한대 子ㅣ 曰 居處恭하며 執事敬하며
   번지   문인   자   왈 거처공   집사경

與人忠을 雖之夷狄이라도 不可棄也니라.
여인충   수지이적   불가기야

⑳ 子貢이 問曰 何如라야 斯可謂之士矣잇고? 子ㅣ
   자공   문왈 하여   사가위지사의   자

曰 行己有恥하며 使於四方하야 不辱君命이면
왈 행기유치   시어사방   불욕군명

可謂士矣니라.
가위사의

曰 敢問其次하노이다. 曰 宗族이 稱孝焉하며
왈 감문기차   왈 종족   칭효언

鄕黨이 稱弟焉이니라.
향당   칭제언

曰 敢問其次하노이다. 曰 言必信하며 行必果ㅣ
왈 감문기차   왈 언필신   행필과

硜硜然小人哉나 抑亦可以爲次矣니라.
경경연소인재   억역가이위차의

曰 今之從政者는 何如하니잇고? 子ㅣ 曰 噫라!
왈 금지종정자   하여   자   왈 희

斗筲之人을 何足算也리오?
두초지인   하족산야

◆ 공자께서 말씀하셨다. "우리 고을의 정직한 자는 이와 다르다. 아버지는 자식을 위해 숨겨주고 자식은 아버지를 위해 숨겨주니, 정직함은 그 가운데 있는 것이다."

⑲ 번지가 인에 대하여 묻자, 공자께서 대답하셨다. "거처할 적에 공손히 하며, 일을 집행할 적에 경건히 하며, 사람을 대할 적에 충성되게 하여야 한다. 이것은 비록 이적의 나라에 가더라도 버려서는 안 된다."

⑳ 자공이 물었다. "어떠하여야 선비라 할 수 있습니까?"

◆ 공자께서 말씀하셨다. "자신의 행동에 대하여 부끄러워함이 있으며(지조에 어긋나는 부끄러운 짓은 하지 않으며), 사방에 사신으로 가서 임금의 명을 욕되게 하지 않으면 선비라 이를 만하다."

◆ "감히 그 다음을 묻겠습니다."하자, "종족들이 효성스럽다고 칭찬하고, 향당에서 공손하다고 칭찬하는 인물이다."라고 하셨다.

◆ "감히 그 다음을 묻겠습니다."하자, "말을 하면 반드시 믿을 수 있게 하고 행동은 반드시 말에 맞게 하는 것은 자잘한 소인이지만, 그래도 또한 그 다음이 될 만하다."고 하셨다.

◆ "지금 정사에 종사하는 자들은 어떻습니까?"하자, 공자께서 말씀하셨다. "아! 한 말이나 한 말 두 되 정도의 사람들을 어찌 헤아릴 것이 있겠는가?"

硜 : 작고 단단한 돌 경(갱). 筲 : 대그릇 초(소 : 1말 두 되가 들어감).

㉑ 子ㅣ 曰 不得中行而與之인댄 必也狂狷乎인져
자 왈 부득중행이여지 필야광견호

狂者는 進取요 狷者는 有所不爲也니라.
광자 진취 견자 유소불위야

㉒ 子ㅣ 曰 南人이 有言曰 人而無恒이면 不可以
자 왈 남인 유언왈 인이무항 불가이

作巫醫라하니 善夫라! 不恒其德이면 或承之羞라
작무의 선부 불항기덕 혹승지수

하니 子ㅣ 曰 不占而已矣니라.
자 왈 부점이이의

㉓ 子ㅣ 曰 君子는 和而不同하고
자 왈 군자 화이부동

小人은 同而不和니라.
소인 동이불화

㉔ 子貢이 問曰 鄕人이 皆好之면 何如니잇고? 子ㅣ
자공 문왈 향인 개호지 하여 자

曰 未可也니라.
왈 미가야

鄕人이 皆惡之면 何如니잇고? 子ㅣ 曰 未可也니라
향인 개오지 하여 자 왈 미가야

不如鄕人之善者ㅣ 好之요 其不善者ㅣ 惡之니라
불여향인지선자 호지 기불선자 오지

㉕ 子ㅣ 曰 君子는 易事而難說也니 說之不以
자 왈 군자 이사이난열야 열지불이

道면 不說也요 及其使人也하얀 器之니라.
도 불열야 급기사인야 기지

㉑ 공자께서 말씀하셨다. "중도를 실천하는 선비를 얻어 그와 함께 할 수 없다면, 반드시 광자狂者(뜻만 큰 사람)나 견자狷者(지킴만 굳센 사람)와 더불어 할 것이다. 광자는 진취적이고 견자는 하지 않는 바가 있다."

㉒ 공자께서 말씀하셨다. "남쪽 나라 사람들의 말에 '사람이 일정한 마음이 없으면 무당이나 의원도 될 수 없다'라고 하니, 좋은 말이다!"

• "그 덕을 일정하게 가지지 않으면 간혹 부끄러운 일을 당하게 된다"라고 하였는데, 공자께서 말씀하셨다. "점치지 않았을 뿐이다." ▮『주역·항괘·구삼효』 九三不恒其德 或承之羞 貞吝 象曰不恒其德 无所容也. 羞 : 부끄러울 수.

㉓ 공자께서 말씀하셨다. "군자는 조화를 이루나 뇌동하지 않으며, 소인은 뇌동하나 조화를 이루지 못한다."

㉔ 자공이 물었다. "고을 사람들이 모두 좋아하면 어떻습니까?"

• 공자께서 말씀하셨다. "옳지 않다."

• "고을 사람들이 모두 미워하면 어떻습니까?"

• 공자께서 말씀하셨다. "옳지 않다. 고을 사람 중에 선한 자가 좋아하고, 선하지 못한 자가 미워하는 것만 못하다."

㉕ 공자께서 말씀하셨다. "군자는 섬기기는 쉬워도 기쁘게 하기는 어렵다. 기쁘게 하기를 도로써 하지 않으면 기뻐하지 않고, 사람을 부림에 있어서는 그릇에 따라 하기 때문이다.

小人은 難事而易說也니 說之雖不以道라도
소인 난사이이열야 열지수불이도

說也요 及其使人也하얀 求備焉이니라.
열야 급기사인야 구비언

㉖ 子ㅣ 曰 君子는 泰而不驕하고
자 왈 군자 태이불교

小人은 驕而不泰니라.
소인 교이불태

㉗ 子ㅣ 曰 剛毅木訥이 近仁이니라.
자 왈 강의목눌 근인

㉘ 子路ㅣ 問曰 何如라야 斯可謂之士矣니잇고?
자로 문왈 하여 사가위지사의

子ㅣ 曰 切切偲偲하며 怡怡如也면 可謂士矣니
자 왈 절절시시 이이여야 가위사의

朋友엔 切切偲偲요 兄弟엔 怡怡니라.
붕우 절절시시 형제 이이

㉙ 子ㅣ 曰 善人이 敎民七年이면 亦可以卽戎矣
자 왈 선인 교민칠년 역가이즉융의
니라.

㉚ 子ㅣ 曰 以不敎民戰이면 是謂棄之니라.
자 왈 이불교민전 시위기지

◆ 소인은 섬기기는 어려워도 기쁘게 하기는 쉽다. 기쁘게 하기를 비록 도에 맞게 하지 않더라도 기뻐하지만, 사람을 부림에 있어서는 다 갖출 것을 요구하기 때문이다."

㉖ 공자께서 말씀하셨다. "군자는 태연하지만 교만하지 않고, 소인은 교만하지만 태연하지 못하다.

㉗ 공자께서 말씀하셨다. "강하고 굳세며 질박하고 어눌함이 인에 가깝다." ▎剛 : 강할 강. 毅 : 굳셀 의. 木 : 질박할 목. 訥 : 더디고 둔할 눌.

㉘ 자로가 물었다. "어떠하여야 선비라고 이를 만합니까?"
◆ 공자께서 대답하셨다. "간절하고 자상하게 권면하며 화락하면 선비라고 이를 만하다. 친구 사이에는 간절하고 자상하게 권면하며, 형제 사이에는 화락하여야 한다."
▎切 : 간절할 절. 偲 : 자세하고 힘쓸 시. 怡 : 기뻐할 이.

㉙ 공자께서 말씀하셨다. "선한 사람이 7년 동안 백성을 가르치면 또한 군대(싸움터)에 가게 할 수 있다."
▎戎 : 군사 융.

㉚ 공자께서 말씀하셨다. "가르치지 않은 백성을 써서 전쟁을 한다면, 이것을 일러 백성을 버리는 행위라 한다."

【14】 憲問

① 憲이 問恥한대 子ㅣ 曰 邦有道에 穀하며 邦無道에 穀이 恥也니라.

② 克伐怨欲을 不行焉이면 可以爲仁矣잇가?

子ㅣ 曰 可以爲難矣어니와 仁則吾不知也케라.

③ 子ㅣ 曰 士而懷居면 不足以爲士矣니라.

④ 子ㅣ 曰 邦有道엔 危言危行하고

邦無道엔 危行言孫이니라.

⑤ 子ㅣ 曰 有德者는 必有言이어니와

有言者는 不必有德이니라.

仁者는 必有勇이어니와 勇者는 不必有仁이니라.

⑥ 南宮适이 問於孔子曰 羿는 善射하고 奡는 盪

【14】헌 문 (총 47장)

① 원헌(원사)이 부끄러움에 대하여 물으니, 공자께서 대답하셨다. "나라에 도가 있을 때에 녹봉만 받아먹으며, 나라에 도가 없을 때에 녹봉만 받아먹는 것이 부끄러운 일이다."
▌穀 : 녹봉 곡(≒祿), 곡식 곡.

② "이기려는 것, 자랑하는 것, 원망하는 것, 욕심을 부리는 것을 하지 않으면 인이라고 말할 수 있습니까?"
* 공자께서 말씀하셨다. "(그렇게 하는 것이) 어렵다고 할 수는 있으나, 인인지는 내가 알지 못하겠다."

③ 공자께서 말씀하셨다. "선비로서 편안하기를 생각하면 선비라고 할 수 없다."

④ 공자께서 말씀하셨다. "나라에 도가 있을 때에는 말을 꼿꼿이 하고 행실을 꼿꼿하게 하지만, 나라에 도가 없을 때에는 행실은 꼿꼿하게 하되 말은 공손하게 하여야 한다."
▌危 : 높고 꼿꼿할 위. 孫 : 겸손할 손(≒遜).

⑤ 공자께서 말씀하셨다. "덕이 있는 자는 반드시 말을 하지만, 말을 하는 자가 반드시 덕이 있는 것은 아니다. 인한 사람은 반드시 용기가 있지만, 용기가 있는 자가 반드시 인이 있는 것은 아니다."

⑥ 남궁괄이 공자께 물었다. "예羿는 활을 잘 쏘았고, 오奡는 육지에서 배를 밀고 다녔지만, 모두 제 명에 죽지 못하

舟호대 俱不得其死어늘 然禹稷은 躬稼而有天下하시니이다.

夫子ㅣ 不答이러시니 南宮适이 出커늘 子ㅣ 曰君子哉라! 若人이여! 尚德哉라! 若人이여!

⑦ 子ㅣ 曰君子而不仁者는 有矣夫어니와 未有小人而仁者也니라.

⑧ 子ㅣ 曰愛之란 能勿勞乎아? 忠焉이란 能勿誨乎아?

⑨ 子ㅣ 曰爲命에 裨諶이 草創之하고 世叔이 討論之하고 行人子羽ㅣ 修飾之하고 東里子產이 潤色之하니라.

⑩ 或이 問子產한대 子ㅣ 曰惠人也니라. 問子西한대 曰彼哉 彼哉여!

였습니다. 그러나 우(하우씨)와 직(후직)은 몸소 농사를 지었는데도 천하를 소유하셨습니다."
* 공자께서 대답하지 않으시더니, 남궁괄이 밖으로 나가자, 공자께서 말씀하셨다. "군자로구나! 이 사람이여! 덕을 숭상하는구나, 이 사람이여!"

⑦ 공자께서 말씀하셨다. "군자로서 인하지 못한 자는 있어도 소인으로서 인한 자는 있지 않다."

⑧ 공자께서 말씀하였다. "사랑한다면 위로하지 않을 수 있겠는가? 충성한다면 깨우쳐 주지 않을 수 있겠는가?"

⑨ 공자께서 말씀하셨다. "외교문서를 만들 때 비침이 초고를 만들고, 세숙(유길)이 따져 보고, 행인인 자우(공손휘)가 꾸미고, 동리의 자산(공손교)이 윤색을 하였다."
▎비침·세숙·자우·자산은 정나라의 대부이다.

⑩ 어떤 사람이 자산에 대하여 물으니, 공자께서 대답하셨다. "은혜로운 사람이다."
* 자서(초나라 공자 申, 또는 정나라 대부인 공손하라는 설도 있다)에 대하여 물으니, 대답하셨다. "그 사람! 그 사람이여!"

問管仲한대 曰 人也ㅣ 奪伯氏騈邑三百하야늘
문관중   왈 인야 탈백씨병읍삼백

飯疏食沒齒호대 無怨言하니라.
반소사몰치   무원언

⑪ 子ㅣ 曰 貧而無怨은 難하고
   자   왈 빈이무원   난

富而無驕는 易하니라.
부이무교   이

⑫ 子ㅣ 曰 孟公綽이 爲趙魏老則優어니와 不可
   자   왈 맹공작   위조위로즉우   불가

以爲滕薛大夫니라.
이위등설대부

⑬ 子路ㅣ 問成人한대 子ㅣ 曰 若臧武仲之知와
   자로   문성인   자   왈 약장무중지지

公綽之不欲과 卞莊子之勇과 冉求之藝에
공작지불욕   변장자지용   염구지예

文之以禮樂이면 亦可以爲成人矣니라.
문지이예악   역가이위성인의

曰 今之成人者는 何必然이리오? 見利思義하며
왈 금지성인자   하필연   견리사의

見危授命하며 久要에 不忘平生之言이면 亦可
견위수명   구요   불망평생지언   역가

以爲成人矣니라.
이위성인의

⑭ 子ㅣ 問公叔文子於公明賈曰 信乎夫子ㅣ
   자   문공숙문자어공명가왈 신호부자

• 관중에 대하여 물으니, 대답하셨다. "그 사람이 백씨의 병읍 삼백 호를 빼앗았는데, 백씨는 거친 밥을 먹으며 평생을 마치도록 원망하는 말이 없었다(자신의 죄를 승복함)."

▎飯:밥먹을 반. 疏:거칠 소. 食:밥 사. 沒:몰할 몰. 齒:년치 치(≒年).

① 공자께서 말씀하셨다. "가난하면서 원망이 없기는 어렵고, 부자이면서 교만이 없기는 쉽다."

② 공자께서 말씀하셨다. "(노나라 대부인) 맹공작은 조씨와 위씨 등의 가신 우두머리가 되기에는 넉넉하지만, 등나라와 설나라의 대부가 될 수는 없다." ▎청렴하고 무능한 맹공작은 탐욕 많은 晉나라 卿인 조씨와 위씨의 탐욕을 막기에는 좋으나, 일이 많은 등나라와 설나라의 대부가 되기에는 무능하다.

③ 자로가 성인(成人)을 물으니, 공자께서 대답하셨다. "만일 장무중의 지혜와 맹공작의 탐욕하지 않음과 변장자의 용기와 염구의 재주를 합한 것에 예악으로 문채를 내면 이 역시 성인이 될 수 있을 것이다."

• 다시 말씀하셨다. "지금의 성인은 어찌 반드시 그러하겠는가? 이익을 보고 의를 생각하며, 위태로움을 보고 목숨을 바치며, 옛 약속에 약속을 할 때의 말을 잊지 않는다면 이 또한 성인이 될 수 있을 것이다."

▎久要:오래된 옛 약속(≒舊約). 平生:젊은 시절 약속할 때(≒少時).

④ 공자께서 공숙문자에 대해 공명가에게 물으셨다. "참으로 부자(대부)께서는 말씀하지 않고 웃지 않고 취하지 않으

不言不笑不取乎아?
불 언 불 소 불 취 호

公明賈ㅣ 對曰 以告者ㅣ 過也로소이다. 夫子ㅣ
공명가 대왈 이고자 과야 부자

時然後言이라 人不厭其言하며 樂然後笑라 人
시연후언 인불염기언 낙연후소 인

不厭其笑하며 義然後取라 人不厭其取하나니이다.
불염기소 의연후취 인불염기취

子ㅣ 曰 其然가? 豈其然乎리오?
자 왈 기연 기기연호

⑮ 子ㅣ 曰 臧武仲이 以防으로 求爲後於魯하니
자 왈 장무중 이방 구위후어로

雖曰 不要君이나 吾不信也하노라.
수왈 불요군 오불신야

⑯ 子ㅣ 曰 晉文公은 譎而不正하고 齊桓公은
자 왈 진문공 휼이부정 제환공

正而不譎하니라.
정이불휼

⑰ 子路ㅣ 曰 桓公이 殺公子糾하야늘 召忽은 死之
자로 왈 환공 살공자규 소홀 사지

하고 管仲은 不死하니 曰 未仁乎인져!
관중 불사 왈 미인호

子ㅣ 曰 桓公이 九(糾)合諸侯호대 不以兵車는
자 왈 환공 규합제후 불이병거

管仲之力也니 如其仁 如其仁이리오?
관중지력야 여기인 여기인

시는가?"

▎공숙문자는 위나라 대부 公孫枝를 말한다.

• 공명가가 대답하였다. "말씀하는 자가 지나쳤습니다. 부자께서는 때에 맞은 뒤에야 말씀하므로 사람들이 그의 말을 싫어하지 않으며, 즐거운 뒤에야 웃으므로 사람들이 그의 웃음을 싫어하지 않으며, 의에 맞은 뒤에야 취하므로 사람들이 그의 취함을 싫어하지 않는 것입니다."

• 공자께서 말씀하셨다. "그러한가? 어찌 그럴 수 있을까!"

⑮ 공자께서 말씀하셨다. "장무중이 방읍을 가지고 노나라 임금에게 후계자를 세워줄 것을 요구하였으니, 비록 임금을 협박하지 않았다고 말하나, 나는 믿지 않는다."

▎要 : 배경이나 믿는 것이 있어서 요구하는 것.

⑯ 공자께서 말씀하셨다. "진 문공(중이)은 속이고 바르지 않으며, 제 환공(소백)은 바르고 속이지 않았다.

▎譎 : 속일 휼.

⑰ 자로가 말하였다. "환공이 공자 규를 죽이자, 소홀은 죽었는데 관중은 죽지 않았으니, 관중은 인하지 못하다고 할 것입니다."

• 공자께서 말씀하셨다. "환공이 제후들을 규합하되(아홉 번 회합했으되), 병거를 쓰지 않은 것은 관중의 힘이었으니, 누가 그의 인만 하겠는가? 누가 그의 인만 하겠는가?"

▎九 : 朱子는 『춘추전』을 따라 糾(합칠 규)로 보아야 한다고 했다.

⑱ 子貢이 曰 管仲은 非仁者與인져! 桓公이 殺公
　　자공　왈 관중　　비인자여　　　환공　살공

子糾어늘 不能死요 又相之온여!
자규　　　불능사　우상지

子ㅣ 曰 管仲이 相桓公霸諸侯하야 一匡天下
자　왈 관중　　상환공패제후　　　일광천하

하니 民到于今히 受其賜하나니 微管仲이면 吾其
　　　민도우금　　수기사　　　　미관중　　　오기

被髮左衽矣러니라. 豈若匹夫匹婦之爲諒也라
피발좌임의　　　　기약필부필부지위량야

自經於溝瀆而莫之知也리오?
자경어구독이막지지야

⑲ 公叔文子之臣大夫僎이 與文子로 同升諸公
　　공숙문자지신대부선　　여문자　　동승저공

이러니 子ㅣ 聞之하시고 曰 可以爲文矣로다.
　　　　자　문지　　　　왈 가이위문의

⑳ 子ㅣ 言衛靈公之無道也러시니 康子ㅣ 曰
　　자　언위령공지무도야　　　　　강자　왈

夫如是로대 奚而不喪이니잇고? 孔子ㅣ 曰
부여시　　　해이불상　　　　　공자　왈

仲叔圉는 治賓客하고 祝鮀는 治宗廟하고
중숙어　　치빈객　　　축타　　치종묘

王孫賈는 治軍旅하니 夫如是니 奚其喪이리오?
왕손가　　치군려　　　부여시　해기상

㉑ 子ㅣ 曰 其言之不怍이면 則爲之也ㅣ 難하니라.
　　자　왈 기언지부작　　　즉위지야　　난

⑱ 자공이 말하였다. "관중은 인한 사람이 아닌 것 같습니다. 환공이 공자 규를 죽였는데, 죽지 못하고 또 환공을 도와주었습니다."
* 공자께서 말씀하셨다. "관중이 환공을 도와 제후의 패자가 되어 한번 천하를 바로잡으니, 백성들이 지금까지 그 혜택을 받고 있다. 관중이 없었다면 우리는 머리를 풀고 옷깃을 왼편으로 하는 오랑캐가 되었을 것이다. 어찌 필부匹夫·필부匹婦들이 조그마한 신의를 위하여 스스로 도랑에서 목매어 죽어 남이 알아주는 이가 없는 것과 같겠는가?"

> 相 : 도울 상, 재상 상. 匡 : 바룰 광. 微 : 없을 미. 被 : 머리깎을 피. 髮 : 머리털 발. 衽 : 옷깃 임. 諒 : 작은 신의 량. 經 : 목 맬 경(≒縊).

⑲ 공숙문자의 가신인 대부 선이 (공숙문자의 천거로) 공숙문자와 함께 공조公朝에 올랐다. 공자께서 들으시고 말씀하셨다. "시호를 문文이라고 할 만하다."

⑳ 공자가 위나라 영공의 무도함을 말씀하시니, 강자가 물었다. "이와 같은데도 어찌하여 지위를 잃지 아니합니까?"
* 공자께서 말씀하셨다. "중숙어(공숙문자)는 빈객을 다스리고, 축타는 종묘를 다스리고, 왕손가는 군대를 다스립니다. 이와 같으니 어찌 그 지위를 잃겠습니까?"

㉑ 공자께서 말씀하셨다. "말하는 것을 부끄러워하지 않으면 실천하기 어렵다." ▮怍 : 부끄러워 할 작.

㉒ 陳成子ㅣ 弑簡公이어늘 孔子ㅣ 沐浴而朝하사
진성자   시간공   공자   목욕이조

告於哀公曰 陳恒이 弑其君하니 請討之하소서!
고어애공왈 진항   시기군   청토지

公曰 告夫三子하라.
공왈 고부삼자

孔子ㅣ 曰 以吾從大夫之後라 不敢不告也호
공자   왈 이오종대부지후   불감불고야

니 君曰 告夫三子者온여!
  군왈 고부삼자자

之三子하야 告하신대 不可라하야늘 孔子ㅣ 曰 以吾
지삼자   고   불가   공자   왈 이오

從大夫之後라 不敢不告也니라.
종대부지후   불감불고야

㉓ 子路ㅣ 問事君한대 子ㅣ 曰 勿欺也요 而犯之
자로   문사군   자   왈 물기야   이범지

니라.

㉔ 子ㅣ 曰 君子는 上達하고 小人은 下達이니라.
자   왈 군자   상달   소인   하달

㉕ 子ㅣ 曰 古之學者는 爲己러니 今之學者는 爲
자   왈 고지학자   위기   금지학자   위

人이로다.
인

㉒ 진성자가 제나라 간공을 시해하자, 공자가 목욕하고 조회하시어 애공께 아뢰셨다. "진항이 그 군주를 시해하였으니, 토벌하소서."

• 애공이 말하였다. "저 세 대부(三家)에게 말하라."

• 공자께서 말씀하셨다. "내가 대부의 말석이었기 때문에 감히 아뢰지 않을 수 없었는데, 임금께서는 저 세 대부에게 말하라 하시는구나."

• 세 대부에게 가서 말씀하자, 안 된다고 하니, 공자께서 말씀하셨다. "내가 대부의 말석이었기 때문에 감히 말하지 않을 수 없었다."

㉓ 자로가 임금 섬기는 것에 대하여 묻자, 공자께서 대답하셨다. "속이지 말고 얼굴을 대놓고 간쟁해야 한다."

㉔ 공자께서 말씀하셨다. "군자는 위(天理)로 통달하고, 소인은 아래(人慾)로 통달한다."

㉕ 공자께서 말씀하셨다. "옛날의 배우는 자들은 자신을 위한 학문을 하였는데, 지금의 배우는 자들은 남을 위한 학문을 하는구나."

㉖ 蘧伯玉이 使人於孔子어늘 孔子ㅣ 與之坐而
　　거백옥　　시인어공자　　　공자　　 여지좌이

問焉曰 夫子는 何爲오? 對曰 夫子ㅣ 欲寡其
문언왈 부자　 하위　　 대왈 부자　 욕과기

過而未能也니이다. 使者ㅣ 出커늘
과이미능야　　　　시자　 출

子ㅣ 曰使乎使乎여!
자　 왈 시호 시호

㉗ 子ㅣ 曰 不在其位하얀 不謀其政이니라.
　　자　 왈 부재기위　　　불모기정

㉘ 曾子ㅣ 曰君子는 思不出其位니라.
　　증자　 왈 군자　 사불출기위

㉙ 子ㅣ 曰君子는 恥其言而過其行이니라.
　　자　 왈 군자　 치기언이과기행

㉚ 子ㅣ 曰君子道者ㅣ 三에 我無能焉호니
　　자　 왈 군자도자　 삼　 아무능언

仁者는 不憂하고 知者는 不惑하고 勇者는 不懼
인자　 불우　　　지자　 불혹　　　용자　 불구

니라. 子貢이 曰 夫子ㅣ 自道也삿다.
　　　자공　 왈 부자　 자도야

㉛ 子貢이 方人하더니
　　자공　 방인

子ㅣ 曰 賜也는 賢乎哉아! 夫我則不暇로라.
자　 왈 사야　 현호재　　 부아즉불가

㉜ 子ㅣ 曰 不患人之不己知요 患其不能也니라.
　　자　 왈 불환인지불기지　 환기불능야

㉖ 거백옥(위나라 대부 瑗)이 사람을 보내 공자께 문안드리니, 공자께서 그와 함께 앉아 물으시기를 "부자(대부)께서는 무엇을 하시는가?" 하시자, 대답하기를 "부자께서는 허물을 적게 하려고 하시지만 아직 능하지 못합니다"라고 하였다.
* 심부름꾼이 나가자, 공자께서 말씀하셨다. "훌륭한 심부름꾼이구나! 훌륭한 심부름꾼이구나!"

㉗ 공자께서 말씀하셨다. "그 지위에 있지 않으면 그 정사를 도모하지 않는 것이다." ■중복된 문장「태백」14 참조.)

㉘ 증자가 말하였다. "군자는 생각이 그 지위를 벗어나지 않는다."

㉙ 공자께서 말씀하셨다. "군자는 말은 감히 (뜻을) 다 진술하지 못하고, 행실은 말보다 남음이 있게 한다."■말은 방종하기 쉬우므로 부끄러운 듯이 하고, 행실은 말한 것을 다 실천하기 어려우므로 지나친 듯이 하는 것이다. 怩 : 부끄러울 치.

㉚ 공자께서 말씀하셨다. "군자의 도가 세 가지인데, 나는 능한 것이 없다. 인한 사람은 근심하지 않고, 지혜로운 사람은 의심하지 않고, 용기있는 사람은 두려워하지 않는다."
* 자공이 말하였다. "선생님께서 스스로 하신 겸손의 말씀이시다."

㉛ 자공이 인물을 비교하니, 공자께서 말씀하셨다. "사(자공)는 어진가보다. 나는 그럴 겨를이 없노라."

㉜ 공자께서 말씀하셨다. "남이 나를 알아주지 않는 것을 걱정하지 말고, 자신의 능하지 못함을 걱정해야 한다."

㉝ 子ㅣ 曰 不逆詐하며 不億不信이나 抑亦先覺
　자　왈　불역사　　　불억불신　　　억역선각

者ㅣ 是賢乎인져!
자　시현호

㉞ 微生畝ㅣ 謂孔子曰 丘는 何爲是栖栖者與
　미생묘　　위공자왈　(구)　하위시서서자여

오? 無乃爲佞乎아?
　　무내위녕호

孔子ㅣ 曰 非敢爲佞也라 疾固也니라.
공자　왈 비감위녕야　질고야

㉟ 子ㅣ 曰 驥는 不稱其力이라 稱其德也니라.
　자　왈 기　불칭기력　　칭기덕야

㊱ 或이 曰 以德報怨이 何如하니잇고? 子ㅣ 曰
　혹　왈 이덕보원　하여　　　　　자　왈

何以報德고? 以直報怨이요 以德報德이니라.
하이보덕　　이직보원　　이덕보덕

㊲ 子ㅣ 曰 莫我知也夫인져!
　자　왈 막아지야부

子貢이 曰 何爲其莫知子也잇고?
자공　왈 하위기막지자야

子ㅣ 曰 不怨天하며 不尤人이요 下學而上達하노
자　왈 불원천　　불우인　　하학이상달

知我者는 其天乎인져!
지아자　기천호

㉝ 공자께서 말씀하셨다. "남이 나를 속일까 미리 짐작하지 않고, 남이 나를 믿어주지 않을까 억측하지 않는다. 그러나 또한 먼저 깨달은 자가 어진 것이다."

▍逆 : 거슬러서 미리 헤아릴 역. 億 : 헤아릴 억.

㉞ 미생묘가 공자께 말하였다. "그대는 어찌하여 이리도 연연해 하는가? 말재주를 구사하는 것이 아닌가?"

• 공자께서 말씀하셨다. "제가 감히 말재주를 구사하는 것이 아니라, 고집불통을 미워하는 것입니다."

▍栖 : 묵을 서, 머금을 서.

㉟ 공자께서 말씀하셨다. "기마驥馬란 그 힘을 칭찬하는 것이 아니라, 그 능력을 칭찬하는 것이다."

㊱ 어떤 사람이 말하였다. "덕으로 원망을 갚는 것이 어떻습니까?"

• 공자께서 말씀하셨다. "그럼 무엇으로 덕을 갚을 것인가? 정직으로 원망을 갚고, 덕으로 덕을 갚아야 한다."

㊲ 공자께서 말씀하셨다. "나를 알아주는 이가 없구나!"

• 자공이 말하였다. "어찌하여 선생님을 알아주는 이가 없는 것입니까?"

• 공자께서 말씀하셨다. "하늘을 원망하지 않으며 사람을 탓하지 않고, 아래로 배워서 위로 통달하니, 나를 알아주는 것은 하늘인가보다!"

㊳ 公伯寮｜愬子路於季孫이어늘 子服景伯이
   공백료 소자로어계손   자복경백

 以告曰 夫子｜ 固有惑志於公伯寮하나니 吾
 이고왈 부자 고유혹지어공백료   오

 力이 猶能肆諸市朝니이다.
 력   유능사저시조

 子｜ 曰 道之將行也與도 命也며 道之將廢也
 자   왈 도지장행야여   명야   도지장폐야

 與도 命也니 公伯寮｜ 其如命에 何리오?
 여   명야   공백료   기여명   하

㊴ 子｜ 曰 賢者는 辟世하고 其次는 辟地하고
   자   왈 현자   피세   기차   피지

 其次는 辟色하고 其次는 辟言이니라.
 기차   피색   기차   피언

㊵ 子｜ 曰 作者｜ 七人矣로다.
   자   왈 작자   칠인의

㊶ 子路｜ 宿於石門이러니 晨門이 曰 奚自오?
   자로   숙어석문   신문   왈 해자

 子路｜ 曰 自孔氏로라. 曰 是｜ 知其不可而
 자로   왈 자공씨   왈 시   지기불가이

 爲之者與아?
 위지자여

㊷ 子｜ 擊磬於衛러시니 有荷蕢而過孔氏之門
   자   격경어위   유하궤이과공씨지문

 者｜ 曰 有心哉라! 擊磬乎여! 旣而曰 鄙哉라!
 자   왈 유심재   격경호   기이왈 비재

㊳ 공백료가 자로를 계손씨에게 참소하니, 자복경백이 공자께 말하였다. "계손씨께서 진실로 공백료의 말에 미혹되고 있는데, 내 힘이 그래도 공백료의 시신을 거리에 늘어놓을 수 있습니다(계손씨에게 자로의 무죄를 말하고 모함한 공백료의 죄를 물어 주살시킬 수 있다)."

> 肆 : 늘어놓을 사. 市朝 : 대부 이상은 朝에 시신을 늘어놓고, 士 이하는 市에 늘어놓는다.

* 공자께서 말씀하셨다. "도가 장차 행해지는 것도 명이며 도가 장차 폐해지는 것도 명이니, 공백료가 그 명을 어떻게 하겠는가?"

㊴ 공자께서 말씀하셨다. "현명한 사람은 세상을 피하고, 그 다음은 어지러운 지방을 피하고, 그 다음은 대접하는 얼굴빛을 보고 피하고, 그 다음은 말을 듣지 않을 때 피한다."

㊵ 공자께서 말씀하셨다. "일어나 은둔해서 피한 자가 일곱 사람이다."

㊶ 자로가 석문에서 유숙하였는데, 문지기가 묻기를 "어디 출신인가?"라고 묻자, 자로가 "공씨 문하에서 왔소"라고 대답하였다.

* 문지기가 말했다. "바로 불가능한 줄을 알면서도 하는 자 말인가?"라고 하였다.

㊷ 공자께서 위나라에서 경쇠를 치셨는데, 삼태기를 메고 공씨의 문앞을 지나가는 자가 듣고서 말하였다. "마음이 천하에 있구나! 경쇠를 두들김이여!"

> 磬 : 경쇠 경. 荷 : 멜 하. 蕢 : 삼태기 궤.

[14] 헌문

硜硜乎여! 莫己知也어든 斯己而已矣니 深則厲요 淺則揭니라.

子ㅣ 曰 果哉라! 末之難矣니라.

㊸ 子張이 曰 書云 高宗이 諒陰三年을 不言이라하니 何謂也잇고?

子ㅣ 曰 何必高宗이리오? 古之人이 皆然하니 君薨커시든 百官이 總己하야 以聽於冢宰三年하니라.

㊹ 子ㅣ 曰 上이 好禮則民易使也니라.

㊺ 子路ㅣ 問君子한대 子ㅣ 曰 修己以敬이니라.

曰 如斯而已乎잇가? 曰 修己以安人이니라.

曰 如斯而已乎잇가? 曰 修己以安百姓이니 修己以安百姓은 堯舜도 其猶病諸시니라.

- 조금 있다가 말하였다. "비속하도다! 너무도 단단하구나! 자신을 알아주지 않으면 그만두어야 할 것이니, 물이 깊으면 옷을 벗고 건너고, 얕으면 옷을 걷고 건너야 하는 것이다."
- 공자께서 말씀하셨다. "(세상을 잊는데) 과감하구나! 어려울 것이 없겠구나!"

  厲 : 옷벗고 건널 려.   揭 : 옷 걷고 건널 게.   末 : 없을 말.
  『시경·邶風·鮑有苦葉』 鮑有苦葉 濟有深涉 深則厲 淺則揭

㊸ 자장이 말하였다. "'서경』에 이르기를 '고종이 양암에서 삼 년 동안 말하지 않았다'고 하니, 무엇을 말하는 것입니까?"
- 공자께서 말씀하셨다. "하필 고종 뿐이겠는가? 옛사람이 다 그러하였으니, 임금이 죽으면 백관들은 자기의 직책을 총괄하여 총재에게 명령 듣기를 삼 년 동안 하였다."

  『서경·周書·無逸』 亮陰三年不言 其惟不言 言乃雍→『서경』에는 諒陰이 亮陰으로 되어있다.

㊹ 공자께서 말씀하셨다. "윗사람이 예를 좋아하면 백성을 부리기 쉽다."

㊺ 자로가 군자에 대하여 물으니, 공자께서 "경敬으로 몸을 닦는 것이다."라고 하셨다.
- 자로가 "이와 같을 뿐입니까?"라고 하자, "몸을 닦아서 사람을 편안하게 하는 것이다"라고 하셨다.
- 다시 "이와 같을 뿐입니까?"라고 묻자, "몸을 닦아서 백성을 편안하게 하는 것이니, 몸을 닦아서 백성을 편안하게 하는 것은 요·순도 오히려 부족하게 여기셨다."

㊻ 原壤이 夷俟러니
원양 이 사

子ㅣ 曰 幼而不孫弟하며 長而無述焉이요
자 왈 유이불손제 장이무술언

老而不死ㅣ 是爲賊이라하시고 以杖叩其脛하시다.
노이불사 시위적 이장고기경

㊼ 闕黨童子ㅣ 將命이어늘 或이 問之曰 益者與잇가
궐당동자 장명 혹 문지왈 익자여

子ㅣ 曰吾ㅣ 見其居於位也하며 見其與先生
자 왈 오 견기거어위야 견기여선생

竝行也호니 非求益者也라 欲速成者也니라.
병행야 비구익자야 욕속성자야

㊻ 원양이 걸터앉아 (공자를) 기다리니, 공자께서 말씀하시기를 "어려서는 공손하지 못하고, 장성해서는 칭찬할 만한 일이 없고, 늙어서도 죽지 않는 것이 바로 도적이다"라고 하시고, 지팡이로 그의 정강이를 두드리셨다.

| 夷 : 걸터앉을 이, 무릎 꿇고 앉을 이. 俟 : 기다릴 사. 脛 : 정강이 경.

㊼ 궐 고을의 동자가 명령을 전달하는 일을 맡아보자, 어떤 사람이 "학문이 진전된 자이기 때문입니까?"라고 물었다.
* 공자께서 말씀하셨다. "내 그가 자리에 앉아 있는 것을 보았으며, 선생과 나란히 걸어 다니는 것을 보았으니, 학문에 진전을 구하는 자가 아니라, 빨리 이루고자 하는 자이다."

【15】 衛靈公

① 衛靈公이 問陳於孔子한대 孔子ㅣ 對曰 俎豆
   위령공   문진어공자   공자   대왈 조두

   之事는 則嘗聞之矣어니와 軍旅之事는 未之學
   지사 즉상문지의   군려지사   미지학

   也라하시고 明日에 遂行하시다.
   야   명일   수행

   在陳絶糧하니 從者ㅣ 病하야 莫能興이러니
   재진절량   종자   병   막능흥

   子路ㅣ 慍見曰 君子ㅣ 亦有窮乎잇가?
   자로   온현왈 군자   역유궁호

   子ㅣ 曰 君子ㅣ 固窮이니 小人은 窮斯濫矣니라.
   자   왈 군자   고궁   소인   궁사람의

② 子ㅣ 曰 賜也아! 女ㅣ 以予로 爲多學而識之
   자   왈 사야   여   이여   위다학이지지

   者與아? 對曰 然하이다. 非與잇가?
   자여   대왈 연   비여

   曰 非也라. 予는 一以貫之니라.
   왈 비야   여   일이관지

③ 子ㅣ 曰 由아! 知德者ㅣ 鮮矣니라.
   자   왈 유   지덕자   선의

④ 子ㅣ 曰 無爲而治者는 其舜也與신저! 夫何
   자   왈 무위이치자   기순야여   부하

【15】 위령공 (총 41장)

① 위나라 영공이 공자께 진치는 법에 대하여 묻자, 공자께서 "제사에 대한 일은 일찍이 들었지만, 군사에 관한 일은 배우지 못하였습니다"라고 대답하시고, 다음날 드디어 떠나셨다.

- 진나라에 있을 때에 양식이 떨어지자, 따르던 사람들이 병들어 일어나지 못하였다.
- 자로가 성난 얼굴로 공자를 뵙고, "군자도 궁할 때가 있습니까?"라고 묻자, 공자께서 말씀하셨다. "군자도 참으로 궁할 때가 있는데, 소인은 궁하면 분수를 넘친다(다만 소인이 궁해서 잘못을 저지르는 것 보다는 나을 뿐이다)."

정자의 해석 : 군자는 궁해도 뜻을 굳게 지키고(固守) 소인은 궁하면 지킬 것을 못 지키고 넘친다.

② 공자께서 말씀하셨다. "사(자공)야! 너는 내가 많이 배우고 그것을 기억하는 자라고 여기느냐?"
- 자공이 대답하였다. "그렇습니다. 아닙니까?"
- 공자께서 말씀하셨다. "아니다. 나는 하나의 이치로 모든 일을 꿰뚫은 것이다."

③ 공자께서 말씀하셨다. "유(자로)야! 덕을 아는 자가 드물구나."

④ 공자께서 말씀하셨다. "인위적으로 하지 않고 다스리신 분은 순임금이신가 보다! 무엇을 하셨겠는가? 몸을 공손히

爲哉시리오? 恭己正南面而已矣시니라.
위 재　　　공기정남면이이의

⑤ 子張이 問行한대 子ㅣ 曰 言忠信하며 行篤敬이면
자장 문행　　자 왈 언충신　　행독경

雖蠻貊之邦이라도 行矣어니와 言不忠信하며
수만맥지방　　　행의　　　　언불충신

行不篤敬이면 雖州里나 行乎哉아? 立則見其
행부독경　　　수주리　행호재　　입즉견기

參於前也요 在輿則見其倚於衡也니 夫然
참어전야　재여즉견기의어형야　부연

後行이니라. 子張이 書諸紳하니라.
후행　　　　자장 서저신

⑥ 子ㅣ 曰 直哉라! 史魚여! 邦有道에 如矢하며
자 왈 직재　　사어　　방유도　여시

邦無道에 如矢로다. 君子哉라! 蘧伯玉이여!
방무도　여시　　　군자재　　거백옥

邦有道則仕하고 邦無道則可卷而懷之로다.
방유도즉사　　　방무도즉가권이회지

⑦ 子ㅣ 曰 可與言而不與之言이면 失人이요 不
자 왈 가여언이불여지언　　　실인　　불

可與言而與之言이면 失言이니 知者는 不失人
가여언이여지언　　　실언　　　지자　불실인

하며 亦不失言이니라.
　　역불실언

⑧ 子ㅣ 曰 志士仁人은 無求生以害仁이요 有殺
자 왈 지사인인　　무구생이해인　　유살

하고 바르게 남면을 하셨을 뿐이다."

⑤ 자장이 행해짐에 대하여 묻자, 공자께서 말씀하셨다. "말이 충실하고 믿음직스러우며 행실이 돈독하고 경건하면 비록 오랑캐의 나라라 하더라도 행해질 수 있지만, 말이 충실하고 믿음직스럽지 못하고 행실이 돈독하고 경건하지 못하면 (자기가 사는) 고을과 마을일지라도 행해질 수 있겠는가? 수레를 서서 몰 때 눈앞에 참말이 있는 것처럼 그것이(忠信,篤敬) 보여야 하고, 수레에 앉아있을 때는 등받이에 있는 것처럼 그것을 느껴야 하니, 이와 같은 뒤에야 행해질 수 있는 것이다." 자장이 이 말씀을 띠(혁대)에 썼다.

▮ 韓愈의 의견에 따라 參을 驂으로 풀이했다.
▮ 參 : 참말 참(≒驂). 衡 : 등받이 가로대 형.

⑥ 공자께서 말씀하셨다. "정직하다! 사관 어(추)여! 나라에 도가 있을 때에도 화살처럼 곧으며, 나라에 도가 없을 때에도 화살처럼 곧았도다! 군자답다! 거백옥이여! 나라에 도가 있으면 벼슬하고, 나라에 도가 없으면 거두어 속에 감출 수 있구나!" ▮ 卷 : 거둘 권(≒收).

⑦ 공자께서 말씀하셨다. "더불어 말할 만한데도 더불어 말하지 않으면 사람을 잃는 것이요, 더불어 말할 만하지 못한데도 더불어 말하면 말을 잃는 것이니, 지혜로운 자는 사람을 잃지 아니하며 또한 말을 잃지 않는다."

⑧ 공자께서 말씀하셨다. "뜻이 있는 선비와 인한 사람은 삶을 구하여 인을 해치지 않고, 몸을 죽여 인을 이룸은 있

身以成仁이니라.
신 이 성 인

⑨ 子貢이 問爲仁한대 子ㅣ 曰 工欲善其事인댄
자공 문위인 자 왈 공욕선기사

必先利其器니 居是邦也하야 事其大夫之賢
필선리기기 거시방야 사기대부지현

者하며 友其士之仁者니라.
자 우기사지인자

⑩ 顔淵이 問爲邦한대
안연 문위방

子ㅣ 曰 行夏之時하며 乘殷之輅하며 服周之冕
자 왈 행하지시 승은지로 복주지면

하며 樂則韶舞요 放鄭聲하며 遠佞人이니 鄭聲은
악즉소무 방정성 원녕인 정성

淫하고 佞人은 殆니라.
음 영인 태

⑪ 子ㅣ 曰 人無遠慮면 必有近憂니라.
자 왈 인무원려 필유근우

⑫ 子ㅣ 曰 已矣乎라! 吾未見好德을 如好色者
자 왈 이의호 오미견호덕 여호색자

也케라.
야

⑬ 子ㅣ 曰 臧文仲은 其竊位者與인져!
자 왈 장문중 기절위자여

知柳下惠之賢而不與立也로다!
지유하혜지현이불여립야

다."

⑨ 자공이 인을 행하는 것에 대하여 묻자, 공자께서 말씀하셨다. "기술자가 일을 잘하려면 반드시 먼저 연장을 예리하게 만들어야 하는 것이니, 이 고을에 살면서 대부 중에서 어진 자를 섬기며, 선비 중에서 인한 자를 벗 삼아야 한다." ▍利 : 날카로울 리.

⑩ 안연이 나라를 다스리는 것에 대하여 묻자, 공자께서 말씀하셨다.
"하나라의 책력을 행하며, 은나라의 수레를 타며, 주나라의 면류관을 쓰며, 음악은 소무를 연주해야 한다. 정나라 음악을 추방해야 하며 말재주 있는 사람을 멀리해야 하니, 정나라 음악은 음탕하고 말 잘하는 사람은 위태로운 것이다. ▍輅 : 수레 로.

⑪ 공자께서 말씀하셨다. "사람이 멀리 생각하는 것이 없으면 반드시 가까운 근심이 있다.

⑫ 공자께서 말씀하셨다. "그만인가 보구나! 내가 덕을 좋아하기를 여색을 좋아하듯이 하는 자를 보지 못하였다."

⑬ 공자께서 말씀하셨다. "장문중은 그 지위를 도적질한 자일 것이다. 유하혜가 현명한 것을 알고서도 (추천해서) 함께 조정에 서지 아니하는구나."

⑭ 子ㅣ 曰 躬自厚而薄責於人이면 則遠怨矣니라.
　　자　왈　궁자후이박책어인　　즉원원의

⑮ 子ㅣ 曰 不曰如之何 如之何者는
　　자　왈　불왈여지하 여지하자

　吾末如之何也已矣니라.
　오말여지하야이의

⑯ 子ㅣ 曰 群居終日에 言不及義요
　　자　왈　군거종일　언불급의

　好行小慧면 難矣哉라.
　호행소혜　난의재

⑰ 子ㅣ 曰 君子ㅣ 義以爲質이요 禮以行之하며
　　자　왈　군자　의이위질　예이행지

　孫以出之하며 信以成之하나니 君子哉라!
　손이출지　　신이성지　　　　군자재

⑱ 子ㅣ 曰 君子는 病無能焉이요 不病人之不己
　　자　왈　군자　병무능언　　불병인지불기

　知也니라.
　지야

⑲ 子ㅣ 曰 君子는 疾沒世而名不稱焉이니라.
　　자　왈　군자　질몰세이명불칭언

⑳ 子ㅣ 曰 君子는 求諸己요 小人은 求諸人이니라.
　　자　왈　군자　구저기　소인　구저인

㉑ 子ㅣ 曰 君子는 矜而不爭하며 群而不黨이니라.
　　자　왈　군자　긍이부쟁　　군이부당

⑭ 공자께서 말씀하셨다. "몸소 자신을 책망하기를 두텁게 하고(蔡謨 : 자신의 덕을 실행하는 것은 두텁게 하고), 남을 책망하기를 가볍게 한다면 원망을 멀리할 것이다."

⑮ 공자께서 말씀하셨다. "'어찌할까? 어찌할까?'하고 말하지 않는 자는 나도 어찌할 수가 없을 뿐이다."

⑯ 공자께서 말씀하셨다. "여럿이 거처하며 하루를 마치면서도 말이 의리에 미치지 못하고, 작은 지혜를 행하기 좋아한다면 환난이 있을 것이다."

⑰ 공자께서 말씀하셨다. "군자는 의로 바탕을 삼고, 예로 행하며, 공손으로 표출하며, 믿음으로 이루니, 이것이 군자이다."

⑱ 공자께서 말씀하셨다. "군자는 자기의 무능을 병으로 여기고, 남이 자신을 알아주지 못함을 병으로 여기지 않는다."

⑲ 공자께서 말씀하셨다. "군자는 일생을 마치도록 이름이 일컬어지지 못하는 것을 싫어한다."

⑳ 공자께서 말씀하셨다. "군자는 자신에게서 찾고, 소인은 남에게서 찾는다."

㉑ 공자께서 말씀하셨다. "군자는 자긍심이 있지만 다투지 않으며, 무리를 짓지만 편당을 짓지 않는다."

[15] 위령공

㉒ 子ㅣ 曰 君子는 不以言擧人하며 不以人廢言
자 왈 군자 불이언거인 불이인폐언

이니라.

㉓ 子貢이 問曰 有一言而可以終身行之者乎인가
자공 문왈 유일언이가이종신행지자호

子ㅣ 曰 其恕乎인져! 己所不欲을 勿施於人이니라
자 왈 기서호 기소불욕 물시어인

㉔ 子ㅣ 曰 吾之於人也에 誰毁誰譽리오? 如有
자 왈 오지어인야 수훼수예 여유

所譽者면 其有所試矣니라. 斯民也는 三代之
소예자 기유소시의 사민야 삼대지

所以直道而行也니라.
소이직도이행야

㉕ 子ㅣ 曰 吾猶及史之闕文也와 有馬者ㅣ 借
자 왈 오유급사지궐문야 유마자 차

人乘之호니 今亡矣夫인져!
인승지 금무의부

㉖ 子ㅣ 曰 巧言은 亂德이요 小不忍則亂大謀니라.
자 왈 교언 난덕 소불인즉난대모

㉗ 子ㅣ 曰 衆惡之라도 必察焉하며
자 왈 중오지 필찰언

衆好之라도 必察焉이니라.
중호지 필찰언

㉘ 子ㅣ 曰 人能弘道요 非道ㅣ 弘人이니라.
자 왈 인능홍도 비도 홍인

㉒ 공자께서 말씀하셨다. "군자는 말을 잘한다고 해서 그 사람을 들어 쓰지 않으며, 사람이 나쁘다 하여 그의 좋은 말을 버리지 않는다."

㉓ 자공이 "한 말씀으로써 종신토록 행할만한 것이 있습니까?"하고 묻자, 공자께서 말씀하셨다. "서恕일 것이다. 자기가 하고자 하지 않는 것을 남에게 베풀지 않는 것이다."

㉔ 공자께서 말씀하셨다. "내가 남에 대하여서 누구를 훼방하고 누구를 칭찬하겠는가? 만일 칭찬하는 바가 있었다면 시험해 본 바가 있었던 것이다. 이 백성이란 삼대 시대에 정직한 도를 시행한 백성이기 때문이다."

㉕ 공자께서 말씀하셨다. "나는 그래도 사관들이 글을 빼놓고 기록하지 않은 것과, 말을 소유한 자가 남에게 빌려주어 타게 하는 것을 보았는데, 지금에는 그것도 없어졌구나!"

㉖ 공자께서 말씀하셨다. "교묘한 말은 덕을 어지럽히고, 작은 것을 참지 못하면 큰 계책을 어지럽힌다."

㉗ 공자께서 말씀하셨다. "여러 사람이 그를 미워하더라도 반드시 살펴보며, 여러 사람이 그를 좋아하더라도 반드시 살펴보아야 한다."

㉘ 공자께서 말씀하셨다. "사람이 도를 넓히는 것이지, 도가 사람을 넓히는 것은 아니다."

㉙ 子ㅣ 曰 過而不改ㅣ 是謂過矣니라.
　　자　왈 과이불개　 시위과의

㉚ 子ㅣ 曰 吾嘗終日不食하며 終夜不寢하야 以
　　자　왈 오상종일불식　　 종야불침　　 이

　思호니 無益이라. 不如學也로다.
　사　　 무익　　 불여학야

㉛ 子ㅣ 曰 君子는 謀道요 不謀食하나니
　　자　왈 군자　 모도　 불모식

　耕也에 餒在其中矣요 學也에 祿在其中矣니
　경야　 뇌재기중의　 학야　 녹재기중의

　君子는 憂道요 不憂貧이니라.
　군자　 우도　 불우빈

㉜ 子ㅣ 曰 知及之오도 仁不能守之면 雖得之나
　　자　왈 지급지　　 인불능수지　　 수득지

　必失之니라. 知及之하며 仁能守之오도 不莊以
　필실지　　 지급지　　 인능수지　　　 불장이

　涖之則民不敬이니라. 知及之하며 仁能守之하며
　리지즉민불경　　　 지급지　　 인능수지

　莊以涖之오도 動之不以禮면 未善也니라.
　장이리지　　 동지불이례　 미선야

㉝ 子ㅣ 曰 君子는 不可小知而可大受也요
　　자　왈 군자　 불가소지이가대수야

　小人은 不可大受而可小知也니라.
　소인　 불가대수이가소지야

㉞ 子ㅣ 曰 民之於仁也에 甚於水火하니 水火는
　　자　왈 민지어인야　 심어수화　　 수화

㉘ 공자께서 말씀하셨다. "허물이 있어도 고치지 않는 것을 진짜 허물이라고 한다."

㉚ 공자께서 말씀하셨다. "내 일찍이 종일토록 밥을 먹지 않으며 밤새도록 잠을 자지 않고서 생각하니, 유익함이 없었다. 배우는 것만 같지 못하였다."

㉛ 공자께서 말씀하셨다. "군자는 도를 도모하고 먹을 것을 도모하지 않는다. 밭을 갈아도 굶주림이 그 가운데에 있고, 학문을 해도 봉록이 그 가운데 있는 것이니, 군자는 도를 걱정하고 가난을 걱정하지 않는다."
▍耕 : 밭갈 경. 餒 : 주릴 뇌.

㉜ 공자께서 말씀하셨다. "지혜가 거기에 미치더라도 인이 그것을 지켜내지 못하면 비록 얻더라도 반드시 잃는다.
  • 지혜가 거기에 미치며 인이 그것을 지켜내더라도 씩씩함으로 백성들에게 임하지 않으면 백성들이 그를 공경하지 않는다.
  • 지혜가 미치며 인이 지켜내며 장엄함으로 백성들에게 임하더라도 백성들을 움직이기를 예로써 하지 않는다면 선하지 못하다." ▍涖 : 다다를 리, 임할 리.

㉝ 공자께서 말씀하셨다. "군자는 작은 일을 알 수 없으나 큰 것을 맡을 만하고, 소인은 큰 것을 맡을 수 없으나 작은 일을 알 수는 있는 것이다."

㉞ 공자께서 말씀하셨다. "백성에게 인이 필요한 것은 물과 불보다도 더하니, 물과 불은 내가 밟다가 죽는 자를 보았

吾見蹈而死者矣어니와 未見蹈仁而死者也케라
오 견 도 이 사 자 의　　미 견 도 인 이 사 자 야

㉟ 子ㅣ 曰 當仁하야 不讓於師니라.
　자　왈 당 인　　불 양 어 사

㊱ 子ㅣ 曰 君子는 貞而不諒이니라.
　자　왈 군 자　 정 이 불 량

㊲ 子ㅣ 曰 事君호대 敬其事而後其食이니라.
　자　왈 사 군　　경 기 사 이 후 기 식

㊳ 子ㅣ 曰 有教면 無類니라.
　자　왈 유 교　　무 류

㊴ 子ㅣ 曰 道不同이면 不相爲謀니라.
　자　왈 도 부 동　　불 상 위 모

㊵ 子ㅣ 曰 辭는 達而已矣니라.
　자　왈 사　 달 이 이 의

㊶ 師冕이 見할새 及階어늘 子ㅣ 曰 階也라하시고 及
　사 면　현　　　급 계　　자　왈 계 야　　　　　급

席이어늘 子ㅣ 曰 席也라하시고 皆坐어늘 子ㅣ 告之
석　　　 자　왈 석 야　　　　　개 좌　　　자　고 지

曰 某在斯 某在斯라하시다.
왈 모 재 사 모 재 사

師冕이 出커늘 子張이 問曰 與師言之道與잇가?
사 면　출　　　자 장　문 왈 여 사 언 지 도 여

子ㅣ 曰然하다. 固相師之道也니라.
자　왈 연　　　고 상 사 지 도 야

지만 인을 밟다가 죽는 자는 내가 보지 못하였다."
▎甚 : 심할 심.　蹈 : 밟을 도.

㉟ 공자께서 말씀하셨다. "인을 당하여서는 스승에게도 사양하지 않는다."

㊱ 공자께서 말씀하셨다. "군자는 바른 이치를 따르고 작은 신의에 얽매이지 않는다."　▎諒 : 작은 신의에 얽매일 량.

㊲ 공자께서 말씀하셨다. "임금을 섬길 때 일을 공경하고 봉록은 뒤로 한다."

㊳ 공자께서 말씀하셨다. "가르침이 있으면 종류가 없다."
▎선한 사람과 악한 사람을 구별할 필요가 없다.

㊴ 공자께서 말씀하셨다. "도가 같지 않으면 서로 위하여 도모하지 못한다."

㊵ 공자께서 말씀하셨다. "글은 뜻을 통달할 뿐인 것이다."
▎뜻을 통하게 하는데 목적이 있다.

㊶ 악사 면이 뵈올 적에 섬돌에 이르자 공자께서 "섬돌이라" 하셨고, 자리에 미치자 공자께서 "자리라" 하셨고, 모두 다 앉자 공자께서 "아무개는 여기에 있고, 아무개는 여기에 있다"고 말씀해 주셨다.

◆ 악사 면이 나가자, 자장이 물었다. "악사와 더불어 말씀하는 도입니까?"

◆ 공자께서 말씀하셨다. "그러하다. 진실로 악사를 도와주는 방법이다."

▎師 : 악사(樂師), 장님이 맡아서 했다.　階 : 섬돌 계.

[15] 위령공

【16】季氏

①-1 季氏│將伐顓臾러니 冉有·季路│見於孔
　　　계씨　장벌전유　　염유　계로　현어공

子曰 季氏│將有事於顓臾로소이다.
자왈 계씨　장유사어전유

孔子│曰 求아! 無乃爾是過與아? 夫顓臾는
공자　왈 구　　무내이시과여　　부전유

昔者에 先王이 以爲東蒙主하시고 且在邦域之
석자　선왕　이위동몽주　　　　차재방역지

中矣라 是│社稷之臣也니 何以伐爲리오?
중의　시　사직지신야　하이벌위

冉有│曰 夫子│欲之언정 吾二臣者는 皆不
염유　왈 부자　욕지　　　오이신자　개불

欲也로이다.
욕야

①-2 孔子│曰 求아! 周任이 有言曰 陳力就列
　　　공자　왈 구　　주임　유언왈 진력취렬

하야 不能者│止라하니 危而不持하며 顚而不扶면
　　불능자　지　　　위이부지　　전이불부

則將焉用彼相矣리오? 且爾言이 過矣로다!
즉장언용피상의　　　차이언　과의

虎兕│出於柙하며 龜玉이 毁於櫝中이 是誰
호시　출어합　　귀옥　훼어독중　시수

【16】 계 씨 (총 14장)

①-1 계씨(계손씨)가 장차 전유를 치려 하자, 염유와 계로가 공자를 뵙고 말하였다. "계씨가 전유에서 일을 벌이려고 합니다."

- 공자께서 말씀하셨다. "구(염유)야! 이것은 너의 잘못이 아니냐? 저 전유는 옛적에 선왕께서 동몽산의 제주로 삼으셨고, 또한 우리나라 안에 위치하고 있으니, 이는 사직의 신하이다. 어찌 정벌할 수 있겠는가?"

- 염유가 말하였다. "계씨가 하고자 하시는 것이지, 저희 두 신하는 모두 하고자 하지 않습니다."

顓臾 : 노나라의 부용국(附庸國). 顓 : 전단할 전. 臾 : 잠깐 유.

①-2 공자께서 말씀하셨다. "구야! 주임이 말하기를, '능력을 펴서 대열에 나아가 일할 수 없는 경우에는 그만두라'고 하였으니, 위태로운데도 붙잡지 못하며 넘어지는데도 부축하지 못한다면, 장차 저 보좌신하를 어디에다 쓰겠느냐? 또 네 말이 잘못되었다. 호랑이와 들소가 우리에서 뛰쳐나오며, 거북 껍질과 옥이 궤 속에서 망가졌다면, 이것이 누구의 잘못이겠느냐?"

兕 : 외뿔들소 시. 柙 : 우리 합. 櫝 : 궤 독, 함 독.

之過與오?
지 과 여

冉有ㅣ 曰 今夫顓臾ㅣ 固而近於費하니 今不
염유 왈 금부전유 고이근어비 금불

取면 後世에 必爲子孫憂하리이다.
취 후세 필위자손우

孔子ㅣ 曰 求아! 君子는 疾夫舍曰 欲之요
공자 왈 구 군자 질부사왈 욕지

而必爲之辭니라. 丘也는 聞有國有家者ㅣ
이필위지사 (구)야 문유국유가자

不患寡而患不均하며 不患貧而患不安이라호니
불환과이환불균 불환빈이환불안

蓋均이면 無貧이요 和면 無寡요 安이면 無傾이니라.
개균 무빈 화 무과 안 무경

①-3 夫如是故로 遠人이 不服則修文德以來之
부여시고 원인 불복즉수문덕이래지

하고 旣來之則安之니라.
기래지즉안지

今由與求也는 相夫子호대 遠人이 不服而不
금유여구야 상부자 원인 불복이불

能來也하며 邦分崩離析而不能守也하고 而
능래야 방분붕리석이불능수야 이

謀動干戈於邦內하니 吾ㅣ 恐季孫之憂ㅣ 不
모동간과어방내 오 공계손지우 부

在顓臾而在蕭牆之內也하노라.
재전유이재소장지내야

- 염유가 말하였다. "지금 저 전유는 성곽이 견고하며 비읍에 가까우니, 지금 취하지 않으면 후세에 반드시 자손의 우환이 될 것입니다."

- 공자께서 말씀하셨다. "구야! 군자는 욕심낸다고 말하지 않고 굳이 변명하는 것을 미워한다. 나는 들으니, 나라를 소유하고 가국을 소유한 자는 백성이 적은 것을 근심하지 않고 고르지 못한 것을 근심하며, 가난한 것을 근심하지 않고 편안하지 못한 것을 근심한다고 한다. 고르면 가난이 없고, 화합하면 적음이 없고, 편안하면 기울어짐이 없다."

疾:미워할 질. 舍:놓을 사. 辭:변명할 사.

①-3 이와 같으므로 먼 지방 사람이 복종하지 않으면 문화·도덕을 닦아서 그들을 오게 하고, 이미 오게 했으면 편안하게 해주는 것이다.

- 지금 유(자로)와 구(염유)는 계씨를 도우면서, 먼 지방 사람이 복종하지 않는데도 오게 하지 못하며, 나라가 분열되고 무너지는데도 지키지 못하고, 그런데도 창과 방패를 나라 안에서 사용할 것을 꾀하니, 나는 계손의 근심이 전유에 있지 않고 병풍 안(내부)에 있을까 두렵다."

蕭牆:병풍

② 孔子ㅣ 曰 天下ㅣ 有道則禮樂征伐이 自天子出하고 天下ㅣ 無道則禮樂征伐이 自諸侯出하나니 自諸侯出이면 蓋十世에 希不失矣요 自大夫出이면 五世에 希不失矣요 陪臣이 執國命이면 三世에 希不失矣니라. 天下ㅣ 有道則政不在大夫하고 天下ㅣ 有道則庶人이 不議하나니라.

③ 孔子ㅣ 曰 祿之去公室이 五世矣요 政逮於大夫ㅣ 四世矣니 故로 夫三桓之子孫이 微矣니라

④ 孔子ㅣ 曰 益者ㅣ 三友요 損者ㅣ 三友니 友直하며 友諒하며 友多聞이면 益矣요 友便辟하며 友善柔하며 友便佞이면 損矣니라.

② 공자께서 말씀하셨다. "천하에 도가 있으면 예악과 정벌이 천자로부터 나오고, 천하에 도가 없으면 예악과 정벌이 제후로부터 나온다. 제후로부터 나오면 열 세대 만에 왕조를 잃지 않는 자가 드물고, 대부로부터 나오면 다섯 세대 만에 잃지 않는 자가 드물고, 가신이 권세를 잡으면 세 세대 만에 잃지 않는 자가 드물다. 천하에 도가 있으면 정치가 대부에게 있지 않고, 천하에 도가 있으면 서민들이 의논(비난)하지 않는다."

③ 공자께서 말씀하셨다. "봉록이 조정을 떠난 지 다섯 세대가 되었고, 정사가 대부에게 맡겨진지 네 세대가 되었다. 그러므로 저 삼환(삼가)의 자손이 미약해진 것이다.

■ 逮 : 미칠 체.

④ 공자께서 말씀하셨다. "유익한 것이 세 가지 벗이고, 손해되는 것이 세 가지 벗이니, 곧은 이를 벗하며, 성실한 이를 벗하며, 보고 들은 것이 많은 이를 벗하면 유익하고, 편벽된 이를 벗하며, 유순하기만 한 이를 벗하며, 말만 잘하는 이를 벗하면 손해된다."

⑤ 孔子ㅣ 曰 益者ㅣ 三樂요 損者ㅣ 三樂니 樂節禮樂하며 樂道人之善하며 樂多賢友면 益矣요 樂驕樂하며 樂佚遊하며 樂宴樂이면 損矣니라.

⑥ 孔子ㅣ 曰 侍於君子에 有三愆하니 言未及之而言을 謂之躁요 言及之而不言을 謂之隱이요 未見顏色而言을 謂之瞽니라.

⑦ 孔子ㅣ 曰 君子ㅣ 有三戒하니 少之時에 血氣ㅣ 未定이라 戒之在色이요 及其壯也하야 血氣ㅣ 方剛이라 戒之在鬪요 及其老也하야 血氣ㅣ 旣衰라 戒之在得이니라.

⑧ 孔子ㅣ 曰 君子ㅣ 有三畏하니 畏天命하며 畏大人하며 畏聖人之言이니라. 小人은 不知天命而不畏也라 狎大人하며 侮聖人之言이니라.

⑤ 공자께서 말씀하셨다. "유익한 것이 세 가지 좋아함이고, 손해되는 것이 세 가지 좋아함이니, 예악의 절차를 분별하기 좋아하며, 사람의 선함을 말하기 좋아하며, 어진 벗이 많은 것을 좋아하면 유익하고, 교만과 방자함을 좋아하며, 편안히 노는 것을 좋아하며, 향락에 빠지는 것을 좋아하면 손해된다." ▮樂 : 좋아할 요. 佚 : 편안할 일.

⑥ 공자께서 말씀하셨다. "군자를 모시는 데 세 가지 허물이 있으니, 아직 말하지 않아야 하는데 말하는 것을 조급한 것이라고 말하고, 말할 만한데 말하지 않는 것을 숨기는 것이라고 말하고, 안색을 보지 않고 말하는 것을 장님이라고 말한다."

▮愆 : 허물 건. 瞽 : 장님 고(눈이 없어서 안색을 살피지 못함).

⑦ 공자께서 말씀하셨다. "군자에게 세 가지 경계할 것이 있으니, 젊어서는 혈기가 아직 정해지지 않았으므로 경계할 것이 여색(낯빛)에 있고, 장성해서는 혈기가 한창 강하므로 경계할 것이 싸움에 있고, 늙어서는 혈기가 이미 쇠하므로 경계할 것이 얻는 데(탐욕) 있다."

⑧ 공자께서 말씀하셨다. "군자는 세 가지 두려워하는 것이 있으니, 천명을 두려워하며, 대인을 두려워하며, 성인의 말씀을 두려워한다. 소인은 천명을 알지 못하여 두려워하지 않으므로, 대인을 함부로 대하며, 성인의 말씀을 업신여긴다."

▮狎 : 업신여길 압. 侮 : 업신여길 모.

⑨ 孔子│曰 生而知之者는 上也요 學而知之
  공자 왈 생이지지자 상야 학이지지

者는 次也요 困而學之 又其次也니 困而
자 차야 곤이학지 우기차야 곤이

不學이면 民斯爲下矣니라.
불학   민사위하의

⑩ 孔子│曰 君子│有九思하니 視思明하며 聽
  공자 왈 군자 유구사   시사명   청

思聰하며 色思溫하며 貌思恭하며 言思忠하며 事
사총   색사온   모사공   언사충   사

思敬하며 疑思問하며 忿思難하며 見得思義니라.
사경   의사문   분사난   견득사의

⑪ 孔子│曰 見善如不及하며 見不善如探湯을
  공자 왈 견선여불급   견불선여탐탕

吾見其人矣요 吾聞其語矣로라.
오견기인의 오문기어의

隱居以求其志하며 行義以達其道를
은거이구기지   행의이달기도

吾聞其語矣요 未見其人也로라.
오문기어의 미견기인야

⑫ 齊景公이 有馬千駟호대 死之日에 民無德而
  제경공 유마천사   사지일 민무덕이

稱焉이요 伯夷·叔齊는 餓于首陽之下호대 民
칭언   백이 숙제   아우수양지하   민

到于今稱之하나니라. 其斯之謂與인져!
도우금칭지   기사지위여

⑨ 공자께서 말씀하셨다. "나면서부터 아는 자가 상등이고, 배워서 아는 자가 그 다음이고, 통하지 않음에 배우는 자가 또 그 다음이니, 통하지 않는데도 배우지 않으면 백성으로서 하등이 된다."

⑩ 공자께서 말씀하셨다. "군자는 아홉 가지 생각이 있으니, 볼 때는 분명하게 볼 것을 생각하고, 들을 때는 분명하게 들을 것을 생각하고, 얼굴빛은 온화함을 생각하고, 용모는 공손함을 생각하고, 말은 충실함을 생각하고, 일은 경건함을 생각하고, 의심스러울 때는 물을 것을 생각하고, 분할 때는 어려움 당할 것을 생각하고, 얻을 것을 보면 의로움을 생각한다."

⑪ 공자께서 말씀하셨다. "선을 보고는 미치지 못할 듯이 하고, 불선을 보고는 끓는 물을 더듬는 것처럼 한다고 하는데, 나는 그런 사람을 보았고 그런 말을 들었다.
숨어 살면서 그 뜻을 구하고, 의를 행하여 그 도를 통달한다고 하는데, 나는 그런 말은 들었지만 그런 사람은 아직 못 보았다."

⑫ 제나라 경공이 말 사천 필을 소유하였으나 죽는 날에 백성들 가운데 그가 덕이 있었다고 칭송하는 사람이 없었고, 백이와 숙제는 수양산 아래에서 굶어 죽었으나 백성들이 지금에 이르도록 칭송하고 있으니, 이것을 말한 것 같다.

⑬ 陳亢이 問於伯魚曰 子亦有異聞乎아?
진강 문어백어왈 자역유이문호

對曰 未也로라. 嘗獨立이어시늘 鯉ㅣ 趨而過庭
대왈 미야   상독립   리 추이과정

이러니 曰 學詩乎아? 對曰 未也로이다. 不學詩면
     왈 학시호 대왈 미야   불학시

無以言이라하야시늘 鯉ㅣ 退而學詩호라.
무이언   리 퇴이학시

他日에 又獨立이어시늘 鯉ㅣ 趨而過庭이러니 曰
타일 우독립   리 추이과정   왈

學禮乎아? 對曰 未也로이다. 不學禮면 無以立
학례호   대왈 미야   불학례   무이립

이라하야시늘 鯉ㅣ 退而學禮호라. 聞斯二者로라.
         리 퇴이학례   문사이자

陳亢이 退而喜曰 問一得三호니 聞詩聞禮하고
진강 퇴이희왈 문일득삼   문시문례

又聞君子之遠其子也호라.
우문군자지원기자야

⑭ 邦君之妻를 君이 稱之曰 夫人이요 夫人이
  방군지처 군 칭지왈 부인   부인

自稱曰 小童이요 邦人이 稱之曰 君夫人이요
자칭왈 소동   방인 칭지왈 군부인

稱諸異邦曰 寡小君이요 異邦人이 稱之에
칭제이방왈 과소군   이방인 칭지

亦曰 君夫人이니라.
역왈 군부인

③ 진강이 백어에게 물었다. "그대는 또한 특이하게 들은 것이 있는가?"

◆ 대답하였다. "없었다. 일찍이 홀로 서 계실 때에 내가 종종걸음으로 뜰을 지나는데, '시를 배웠느냐?' 하고 물으시기에 '못하였습니다.'라고 대답했더니, '시를 배우지 않으면 말을 할 수 없다' 하시므로 내가 물러가 시를 배웠다. 다른 날에 또 홀로 서 계실 때에 내가 종종걸음으로 뜰을 지나는데, '예를 배웠느냐?'하고 물으시기에 '못하였습니다'라고 대답하였더니, '예를 배우지 않으면 설 수 없다' 하시므로 내가 물러 나와 예를 배웠다. 이 두 가지를 들었다."

◆ 진강이 물러 나와 기뻐하면서 말하였다. "하나를 물어서 셋을 들었으니, 시를 듣고 예를 들었으며, 또 군자가 그 아들을 멀리하는 것을 들었다."

④ 나라 임금의 처를 임금이 일컫기를 부인이라고 하고, 부인이 스스로 일컫기를 소동이라고 하며, 나라 사람들이 일컫기를 군부인이라고 하고, 다른 나라에게 일컫기를 과소군이라고 하며, 다른 나라 사람들이 일컫기를 또한 군부인이라고 한다.

【17】陽貨

① 陽貨ㅣ 欲見孔子어늘 孔子ㅣ 不見하신대 歸孔
   양화   욕현공자   공자   불견   귀공

   子豚이어늘 孔子ㅣ 時其亡也而往拜之러시니
   자돈   공자   시기무야이왕배지

   遇諸塗하시다.
   우저도

   謂孔子曰 來하라. 予ㅣ 與爾言호리라. 曰懷其
   위공자왈 래   여 여이언   왈 회기

   寶而迷其邦이 可謂仁乎아? 曰 不可하다.
   보이미기방   가위인호   왈 불가

   好從事而亟失時ㅣ 可謂知乎아? 曰 不可하다.
   호종사이기실시   가위지호   왈 불가

   日月이 逝矣라 歲不我與니라. 孔子ㅣ 曰 諾다.
   일월   서의   세불아여   공자   왈 낙

   吾將仕矣로리라.
   오장사의

② 子ㅣ 曰 性相近也나 習相遠也니라.
   자   왈 성상근야   습상원야

③ 子ㅣ 曰 唯上知與下愚는 不移니라.
   자   왈 유상지여하우   불이

④ 子ㅣ 之武城하사 聞弦歌之聲하시다.
   자   지무성   문현가지성

【17】양 화 (총 26장)

① 양화(양호)가 공자를 만나고자 하였으나, 공자께서 만나주지 않으셨다. 양화가 공자에게 (삶은) 돼지를 선물로 보내니, 공자께서도 그가 없는 틈을 타 사례하러 가셨는데 길에서 마주쳤다.

• 양화가 공자께 말하였다. "이리 오시오. 내가 그대와 함께 말하겠소. 훌륭한 보배를 품고서 나라가 어지럽도록 내버려두는 것을 인이라고 할 수 있습니까?"
• 공자께서 말씀하셨다. "그렇다고 할 수 없습니다."
• 양화가 말하였다. "(등용되어) 일하기를 좋아하면서 자주 때를 놓치는 것을 지혜롭다고 할 수 있습니까?"
• 공자께서 말씀하셨다. "그렇다고 할 수 없습니다."
• 양화가 말하였다. "해와 달이 흘러가니, 세월은 나를 위하여 기다려 주지 않습니다."
• 공자께서 말씀하셨다. "알았습니다. 나는 장차 벼슬을 할 것입니다."

▎豚 : 돼지 돈. 時 : 틈탈 시. 塗 : 길 도. 逝 : 갈 서.

② 공자께서 말씀하셨다. "성품이 서로 가깝다하더라도 익히는 데(무엇을 배웠냐에) 따라 서로 멀어지게 된다."

③ 공자께서 말씀하셨다. "오직 가장 지혜로운 사람과 가장 어리석은 사람은 변하지 않는다."

④ 공자께서 무성에 가시어 현악에 맞추어 부르는 노래를 들으셨다.

夫子ㅣ 莞爾而笑曰 割雞에 焉用牛刀리오?
부자   완이이소왈 할계 언용우도

子游ㅣ 對曰 昔者에 偃也ㅣ 聞諸夫子호니
자유   대왈 석자   언야   문저부자

曰 君子ㅣ 學道則愛人이요 小人이 學道則易
왈 군자   학도즉애인   소인   학도즉이

使也라호이다. 子ㅣ 曰 二三子아! 偃之言이 是也
사야   자   왈 이삼자   언지언   시야

니 前言은 戲之耳니라.
   전언   희지이

⑤ 公山弗擾ㅣ 以費畔하야 召어늘 子ㅣ 欲往이러시니
   공산불요   이비반   소   자   욕왕

子路ㅣ 不說曰 末之也已니 何必公山氏之
자로   불열왈 말지야이   하필공산씨지

之也시리잇고?
지야

子ㅣ 曰 夫召我者는 而豈徒哉리오? 如有用我
자   왈 부소아자   이기도재   여유용아

者인댄 吾其爲東周乎인져!
자   오기위동주호

⑥ 子張이 問仁於孔子한대
   자장   문인어공자

孔子ㅣ 曰 能行五者於天下면 爲仁矣니라.
공자   왈 능행오자어천하   위인의

請問之한대 曰 恭·寬·信·敏·惠니 恭則不侮
청문지   왈 공 관 신 민 혜   공즉불모

- 공자께서 빙그레 웃으시며 말씀하셨다. "닭 잡는데, 어찌 소 잡는 칼을 쓰느냐?"
- 자유가 대답하였다. "예전에 제가 선생님께 들었는데, 군자가 도를 배우면 사람을 사랑하고, 소인이 도를 배우면 부리기가 쉽다고 하셨습니다."
- 공자께서 말씀하셨다. "제자들아! 언(자유)의 말이 옳다. 방금 내가 한 말은 농담이니라."

之 : 갈 지. 弦 : 거문고 현. 莞 : 웃을 완. 莞爾 : 빙그레 웃음.
割 : 나눌 할.

⑤ 공산불요가 비읍을 근거로 반란을 일으키고 공자를 부르니, 공자께서 가시려고 하였다.
- 자로가 기뻐하지 않으며 말하였다. "가실 곳이 없으면 그만이지, 하필이면 공산씨에게 가시려 하십니까?"
- 공자께서 말씀하셨다. "나를 부르는 자가 어찌 공연히 그러겠느냐? 나를 써 주는 자가 있다면, 나는 동쪽 주나라를 만들 것이다."

徒 : 공연히 도.

⑥ 자장이 공자께 인에 대하여 묻자, 공자께서 말씀하셨다. "다섯 가지를 천하에 실행할 수 있으면 인이 된다."
- 자장이 가르쳐 주시기를 청하니, 말씀하셨다. "공손·너그러움·믿음·민첩·은혜이니, 공손하면 업신여김을 받지 않고, 너그러우면 여러 사람들을 얻게 되고, 믿음이 있으면 남들이 의지하게 되고, 민첩하면 공이 있게 되고, 은혜로

하고 寬則得衆하고 信則人任焉하고 敏則有功하
관즉득중　　　신즉인임언　　　민즉유공

고 惠則足以使人이니라.
혜즉족이사인

⑦ 佛肸이 召어늘 子ㅣ 欲往이러시니 子路ㅣ 曰 昔者
　필힐　소　　자　욕왕　　　　자로　왈 석자

에 由也ㅣ 聞諸夫子호니 曰 親於其身에 爲不
　유야　 문저부자　　왈 친어기신　 위불

善者어든 君子ㅣ 不入也라하시니 佛肸이 以中牟
선자　　 군자　 불입야　　　　필힐　 이중모

畔이어늘 子之往也는 如之何잇고?
반　　　 자지왕야　 여지하

子ㅣ 曰 然하다. 有是言也니라. 不曰 堅乎아?
자　 왈 연　　 유시언야　　　　불왈 견호

磨而不磷이니라! 不曰 白乎아? 涅而不緇니라!
마이불린　　　 불왈 백호　　 날이불치

吾ㅣ 豈匏瓜也哉라 焉能繫而不食이리오?
오　 기포과야재　 언능계이불식

⑧ 子ㅣ 曰 由也아! 女ㅣ 聞六言六蔽矣乎아?
　자　 왈 유야　　여　 문육언육폐의호

對曰 未也로이다. 居하라! 吾ㅣ 語女호리라.
대왈 미야　　　 거　　　 오　 어녀

好仁不好學이면 其蔽也ㅣ 愚요
호인불호학　　 기폐야　 우

好知不好學이면 其蔽也ㅣ 蕩이요
호지불호학　　 기폐야　 탕

우면 남들을 부릴 수 있게 된다."

⑦ 필힐이 공자를 부르니, 공자께서 가려고 하셨다.
* 자로가 말하였다. "옛날에 제가 선생님께 들었는데, 직접 그 자신이 착하지 않은 행동을 하는 자에게는 군자가 들어가지 않는다고 하셨습니다. 필힐이 지금 중모 땅을 근거로 배반하였는데 선생님께서 가려고 하시니, 어찌해서입니까?"
* 공자께서 말씀하셨다. "그렇다. 그런 말을 한 적이 있다. 그러나 단단하다고 말하지 않겠는가? 갈아도 얇아지지 않으니! 희다고 말하지 않겠는가? 검은 물을 들여도 검어지지 않으니! 내가 어찌 뒤웅박과 같겠는가? 한 곳에 매달려 먹히지 않기를 바라야겠는가?"

磷 : 엷은 돌 린. 涅 : 검은 물을 들이는 돌 날. 緇 : 검은 비단 치.

⑧ 공자께서 말씀하셨다. "유야! 너는 육언六言과 육폐六蔽를 들어 보았느냐?"
* 자로가 대답하였다. "아직 듣지 못하였습니다."
* 공자께서 말씀하셨다. "앉거라. 내 너에게 말해 주겠다.
* 인만 좋아하고 배우기를 좋아하지 않으면 그 폐단은 어리석게 되고, 지혜만 좋아하고 배우기를 좋아하지 않으면 그 폐단은 지나치게 호탕하게 되고,

好信不好學이면 其蔽也ㅣ 賊이요
호신불호학   기폐야   적

好直不好學이면 其蔽也ㅣ 絞요
호직불호학   기폐야   교

好勇不好學이면 其蔽也ㅣ 亂이요
호용불호학   기폐야   난

好剛不好學이면 其蔽也ㅣ 狂이니라.
호강불호학   기폐야   광

⑨ 子ㅣ曰 小子는 何莫學夫詩오? 詩는 可以興
자 왈 소자 하막학부시   시 가이흥

이며 可以觀이며 可以群이며 可以怨이며 邇之事
    가이관   가이군   가이원   이지사

父며 遠之事君이요 多識於鳥獸草木之名이니라.
부   원지사군   다식어조수초목지명

⑩ 子ㅣ謂伯魚曰 女ㅣ 爲周南·召南矣乎아?
자 위백어왈 여 위주남·소남의호

人而不爲周南·召南이면 其猶正牆面而立
인이불위주남·소남   기유정장면이립

也與인져!
야 여

⑪ 子ㅣ曰 禮云 禮云이나 玉帛云乎哉아? 樂云
자 왈 예운 예운   옥백운호재   악운

樂云이나 鐘鼓云乎哉아?
악운   종고운호재

⑫ 子ㅣ曰 色厲而內荏을 譬諸小人컨댄 其猶穿
자 왈 색려이내임   비저소인   기유천

믿음만 좋아하고 배우기를 좋아하지 않으면 그 폐단은 해치게 되고, 정직한 것만 좋아하고 배우기를 좋아하지 않으면 그 폐단은 급하게 되고, 용맹만 좋아하고 배우기를 좋아하지 않으면 그 폐단은 어지럽게 되고, 강한 것만 좋아하고 배우기를 좋아하지 않으면 그 폐단은 경솔하게 된다."

⑨ 공자께서 말씀하셨다. "너희들은 어찌하여 시를 배우지 않느냐? 시는 뜻을 일으킬 수 있으며, 잘잘못을 살필 수 있으며, 무리를 지을 수 있으며, 원망할 수 있으며, 가까이는 어버이를 섬길 수 있게 하며, 멀리는 임금을 섬길 수 있게 하고, 새와 짐승, 풀과 나무의 이름을 많이 알게 한다."
■ 邇:가까울 이.

⑩ 공자께서 백어에게 말씀하셨다. "너는 「주남」과 「소남」을 배웠느냐? 사람으로서 「주남」과 「소남」을 배우지 않으면 담장을 정면으로 마주하고 서 있는 것과 같을 것이다!"
■ 周南은 『시경』의 첫머리 편이고, 召南은 두번째 편으로, 이 두 편만 國風에 해당한다.

⑪ 공자께서 말씀하셨다. "예라고 말하며, 예라고 말하지만, 그것이 옥과 비단만을 말하는 것이겠는가? 악이라고 말하며, 악이라고 말하지만, 그것이 종과 북만을 말하는 것이겠는가?"

⑫ 공자께서 말씀하셨다. "얼굴빛은 위엄이 있으면서 마음이 유약한 것을, 소인에게 비유하면 벽을 뚫고 담을 넘는 도

窬之盜也與인져!
유 지 도 야 여

⑬ 子ㅣ 曰 鄕原은 德之賊也니라.
자 왈 향원 덕지적야

⑭ 子ㅣ 曰 道聽而塗說이면 德之棄也니라.
자 왈 도청이도설 덕지기야

⑮ 子ㅣ 曰 鄙夫는 可與事君也與哉아? 其未得
자 왈 비부 가여사군야여재 기미득

之也엔 患得之하고 旣得之하얀 患失之하나니 苟
지야 환득지 기득지 환실지 구

患失之면 無所不至矣니라.
환실지 무소부지의

⑯ 子ㅣ 曰 古者에 民有三疾이러니 今也엔 或是
자 왈 고자 민유삼질 금야 혹시

之亡也로다! 古之狂也는 肆러니 今之狂也는 蕩
지무야 고지광야 사 금지광야 탕

이요 古之矜也는 廉이러니 今之矜也는 忿戾요 古
고지긍야 렴 금지긍야 분려 고

之愚也는 直이러니 今之愚也는 詐而已矣로다!
지우야 직 금지우야 사이이의

⑰ 子ㅣ 曰 巧言令色이 鮮矣仁이니라.
자 왈 교언영색 선의인

⑱ 子ㅣ 曰 惡紫之奪朱也하며 惡鄭聲之亂雅樂
자 왈 오자지탈주야 오정성지란아악

也하며 惡利口之覆邦家者하노라.
야 오이구지복방가자

적과 같을 것이다."

▎厲 : 위엄 려. 荏 : 부드러울 임. 譬 : 비유할 비. 穿 : 뚫을 천.

⑬ 공자께서 말씀하셨다. "향원은 덕을 해치는 사람이다."
⑭ 공자께서 말씀하셨다. "길에서 듣고 길에서 말하면 덕을 버리는 것이다."
⑮ 공자께서 말씀하셨다. "비루한 사람과 함께 임금을 섬길 수 있겠는가? 얻기 전에는 얻을 것을 걱정하고, 이미 얻고 나서는 잃을 것을 걱정하니, 만일 잃을 것을 걱정한다면 못하는 짓이 없을 것이다."

⑯ 공자께서 말씀하셨다. "옛날에는 백성들에게 세 가지 병통이 있었는데, 지금은 그것마저 없구나!
옛날의 광인(狂人)은 작은 예절에 구애받지 않았는데 지금 광인은 방탕하기만 하고, 옛날의 긍인(矜人)은 청렴하였는데 지금 긍인은 사납기만 하고, 옛날의 어리석은 사람은 정직했었는데 지금의 어리석은 사람은 간사하기만 할 뿐이다."

⑰ 공자께서 말씀하셨다. "말을 교묘하게 하고, 얼굴빛을 꾸미는 사람 가운데 인한 사람이 드물다."「학이」편에 출전.
⑱ 공자께서 말씀하셨다. "나는 자주색이 붉은색의 자리를 빼앗는 것을 미워하며, 정나라의 음악이 아악을 어지럽히는 것을 미워하며, 말 잘하는 입이 나라를 전복시키는 것을 미워한다."

⑲ 子ㅣ 曰 予欲無言하노라. 子貢이 曰 子如不言
   자 왈 여욕무언   자공 왈 자여불언

이시면 則小子ㅣ 何述焉이리잇고?
       즉소자   하술언

子ㅣ 曰 天何言哉시리오? 四時ㅣ 行焉하며 百物
자   왈 천하언재   사시   행언   백물

이 生焉하나니 天何言哉시리오?
   생언   천하언재

⑳ 孺悲ㅣ 欲見孔子어늘 孔子ㅣ 辭以疾하시고 將
   유비   욕현공자   공자   사이질   장

命者ㅣ 出戶어늘 取瑟而歌하사 使之聞之하시다.
명자   출호   취슬이가   사지문지

㉑ 宰我ㅣ 問三年之喪이 期已久矣로소이다. 君子ㅣ
   재아   문삼년지상 기이구의   군자

三年을 不爲禮면 禮必壞하고 三年을 不爲樂이면
삼년   불위례   예필괴   삼년   불위악

樂必崩하리니 舊穀이 旣沒하고 新穀이 旣升하며
악필붕   구곡   기몰   신곡   기승

鑽燧改火하나니 期可已矣로소이다.
찬수개화   기가이의

子ㅣ 曰 食夫稻하며 衣夫錦이 於女에 安乎아?
자   왈 식부도   의부금   어녀   안호

曰 安하이다. 女ㅣ 安則爲之하라. 夫君子之居喪
왈 안   여   안즉위지   부군자지거상

⑲ 공자께서 말씀하셨다. "나는 말을 하지 않으려고 한다."
* 자공이 말하였다. "선생님께서 말씀을 하지 않으시면 저희들이 어떻게 도를 전하겠습니까?"
* 공자께서 말씀하셨다. "하늘이 무슨 말씀을 하시던가? 네 계절이 운행되고 만물이 태어나지만, 하늘이 무슨 말씀을 하시던가?"

⑳ 유비가 공자를 뵙고자 했는데 공자께서는 병으로써 사양하시고, 명령을 전달하는 자가 문밖으로 나가자 비파를 가져다 노래를 부르시어 그로 하여금 듣게 하셨다.

㉑ 재아가 말하였다. "3년상은 1년만 하더라도 너무 길다고 할 것입니다. 군자가 3년 동안 예를 행하지 않으면 예가 반드시 무너지고, 3년 동안 음악을 익히지 않으면 음악이 반드시 무너질 것입니다. 묵은 곡식이 이미 다하고 새 곡식이 이미 상에 오르며, 불씨 만드는 나무도 바뀌어지니, 1년이면 그칠 만한 것입니다."
* 공자께서 말씀하셨다. "쌀밥을 먹으며 비단옷을 입는 것이 너에게는 편안하냐?"
* 재아가 대답하였다. "편안합니다."
* 공자께서 말씀하셨다. "네가 편안하면 그렇게 하여라. 군자가 상을 치를 때에 맛있는 것을 먹어도 달지 않으며, 음악을 들어도 즐겁지 않으며, 거처함에 편안하지 않기 때문

에 食旨不甘하며 聞樂不樂하며 居處不安故로
식지불감　　문악불락　　거처불안고

不爲也하나니 今女ㅣ 安則爲之하라.
불위야　　　금녀　안즉위지

宰我ㅣ 出커늘 子ㅣ 曰予之不仁也여! 子生三
재아　출　　자　왈여지불인야　　자생삼

年然後에 免於父母之懷하나니 夫三年之喪은
년연후　면어부모지회　　　　부삼년지상

天下之通喪也니 予也ㅣ 有三年之愛於其
천하지통상야　여야　유삼년지애어기

父母乎아?
부모호

㉒ 子ㅣ 曰飽食終日하야 無所用心이면 難矣哉라!
　자　왈포식종일　　　무소용심　　난의재

不有博奕者乎아? 爲之猶賢乎已니라.
불유박혁자호　　위지유현호이

㉓ 子路ㅣ 曰君子ㅣ 尙勇乎잇가?
　자로　왈군자　상용호

子ㅣ 曰君子ㅣ 義以爲上이니 君子ㅣ 有勇而
자　왈군자　의이위상　　　군자　유용이

無義면 爲亂이요 小人이 有勇而無義면 爲盜니라.
무의　위란　　소인　유용이무의　위도

㉔ 子貢이 曰君子ㅣ 亦有惡乎잇가?
　자공　왈군자　역유오호

子ㅣ 曰有惡하니 惡稱人之惡者하며 惡居下流
자　왈유오　　오칭인지악자　　　오거하류

◆ 에 하지 않는 것이니, 네가 편안하면 그렇게 하여라."

鑽 : 구멍 뚫을 찬. 燧 : 부싯돌 수. 鑽燧 : 불쏘시개 나무 수.
稻 : 벼 도.

◆ 재아가 밖으로 나가자, 공자께서 말씀하셨다. "재여(재아)의 인하지 못함이여! 자식이 태어나서 3년이 지난 뒤에야 부모의 품을 벗어나게 된다. 3년상은 천하의 공통된 상인데, 재여는 3년의 사랑을 그 부모에게 받았던가?"

㉒ 공자께서 말씀하셨다. "배부르게 먹고 하루를 마치면서 마음을 쓰는 곳이 없다면 덕을 이루기 어렵도다! 장기와 바둑이라도 있지 않은가? 그것을 하는 것이 아무 것도 하지 않는 것보다는 나을 것이다." ▮博 : 장기 박. 奕 : 바둑 혁.

㉓ 자로가 말하였다. "군자가 용맹을 숭상합니까?"

◆ 공자께서 말씀하셨다. "군자는 의를 으뜸으로 삼는다. 군자가 용맹만 있고 의가 없으면 난을 일으키고, 소인이 용맹만 있고 의가 없으면 도적질을 할 것이다."

㉔ 자공이 물었다. "군자도 또한 미워하는 것이 있습니까?"

◆ 공자께서 말씀하셨다. "미워하는 것이 있다. 남의 나쁜 점을 말하는 자를 미워하며, 아래에 있으면서 윗사람을 비방하는 자를 미워하며, 용맹만 있고 예가 없는 자를 미워하

而訕上者_{하며} 惡勇而無禮者_{하며} 惡果敢而窒
이 산 상 자　　오 용 이 무 례 자　　오 과 감 이 질

者_{니라.}
자

曰 賜也_ㅣ 亦有惡乎_{아?} 惡徼以爲知者_{하며}
왈 사 야　 역 유 오 호　 오 요 이 위 지 자

惡不孫以爲勇者_{하며} 惡訐以爲直者_{하노이다.}
오 불 손 이 위 용 자　　오 알 이 위 직 자

㉕ 子_ㅣ 曰 唯女子與小人_이 爲難養也_니 近之
　 자　 왈 유 여 자 여 소 인　 위 난 양 야　 근 지

則不孫_{하고} 遠之則怨_{이니라.}
즉 불 손　　원 지 즉 원

㉖ 子_ㅣ 曰 年四十而見惡焉_{이면} 其終也已_{니라.}
　 자　 왈 연 사 십 이 견 오 언　　기 종 야 이

며, 과감하기만 하고 융통성이 없는 자를 미워한다."

■訕 : 헐뜯을 산.   窒 : 막힐 질.

* 또 말씀하셨다. "사야! 너도 또한 미워하는 것이 있느냐?"
* 자공이 말하였다. "엿보아 살피는 것을 지혜로 여기는 자를 미워하며, 공손하지 않은 것을 용기로 여기는 자를 미워하며, 들추어내는 것을 정직으로 여기는 자를 미워합니다."

■徼 : 엿보고 순찰할 요.   訐 : 들추어 낼 알.

㉕ 공자께서 말씀하셨다. "오직 여자와 소인은 기르기가 어려우니, 가까이 하면 공손하지 않고 멀리 하면 원망한다."

㉖ 공자께서 말씀하셨다. "나이가 40이 되어서도 미움을 받으면 그대로 끝이다."

【18】微子

① 微子는 去之하고 箕子는 爲之奴하고 比干은 諫
   미자   거지   기자   위지노   비간   간

而死하니라. 孔子ㅣ 曰 殷有三仁焉하니라.
이사   공자   왈 은유삼인언

② 柳下惠ㅣ 爲士師하야 三黜이어늘
   유하혜   위사사   삼출

人이 曰 子ㅣ 未可以去乎아?
인   왈 자   미가이거호

曰 直道而事人이면 焉往而不三黜이며
왈 직도이사인   언왕이불삼출

枉道而事人이면 何必去父母之邦이리오?
왕도이사인   하필거부모지방

③ 齊景公이 待孔子曰 若季氏則吾不能이어니와
   제경공   대공자왈 약계씨즉오불능

以季孟之間으로 待之호리라하고 曰 吾ㅣ 老矣라
이계맹지간   대지   왈 오   노의

不能用也라한대 孔子ㅣ 行하시다.
불능용야   공자   행

④ 齊人이 歸女樂이어늘 季桓子ㅣ 受之하고 三日
   제인   귀여악   계환자   수지   삼일

不朝한대 孔子ㅣ 行하시다.
부조   공자   행

【18】 미 자 (총 11장)

① 미자는 떠나가고, 기자는 종이 되고, 비간은 간하다가 죽었다.
  + 공자께서 말씀하셨다. "은나라에 세 인한 사람이 있었다.

② 유하혜가 사사士師가 되었다가 세 번 쫓겨나니, 어떤 사람이 말하였다. "그대는 아직 떠나지 않았는가?(무슨 미련이 남아서 아직 떠나지 않았는가?)"
  + 유하혜가 대답하였다. "도를 곧게 하여 사람을 섬기면 어디 간들 세 번 쫓겨나지 않겠으며, 도를 굽혀 사람을 섬기면 어찌 굳이 부모의 나라를 떠나겠는가?"
  ▮黜 : 내칠 출.   枉 : 굽을 왕.

③ 제나라 경공이 공자를 대접하면서 "계씨와 같이는 내가 대접하지 못하겠지만, 계씨와 맹씨의 중간 정도로 대접하겠다"라고 하고는, 또 "내가 늙어서 공자를 쓸 수 없을 것이다"라고 말하자, 공자께서 떠나셨다.

④ 제나라 사람이 미녀악공을 보내니 계환자가 그것을 받고 3일을 조회하지 않자, 공자께서 떠나셨다.

⑤ 楚狂接輿ㅣ 歌而過孔子曰 鳳兮 鳳兮여!
   초광접여   가이과공자왈 봉혜 봉혜

何德之衰오? 往者는 不可諫이어니와 來者는 猶
하덕지쇠   왕자   불가간   래자   유

可追니 已而 已而어다! 今之從政者ㅣ 殆而니라.
가추   이이 이이   금지종정자   태이

孔子ㅣ 下하사 欲與之言이러시니 趨而辟之하니
공자   하   욕여지언   추이피지

不得與之言하시다.
부득여지언

⑥-1 長沮 桀溺이 耦而耕이어늘 孔子ㅣ 過之하실새
     장저 걸닉 우이경   공자   과지

使子路로 問津焉하신대 長沮ㅣ 曰 夫執輿者ㅣ
사자로   문진언   장저   왈 부집여자

爲誰오? 子路ㅣ 曰 爲孔丘시니라. 曰 是ㅣ 魯孔
위수   자로   왈 위공(구)   왈 시   노공

丘與아? 曰 是也시니라. 曰 是ㅣ 知津矣니라.
(구)여 왈 시야   왈 시   지진의

⑥-2 問於桀溺한대 桀溺이 曰 子ㅣ 爲誰오? 曰
     문어걸닉   걸닉   왈 자   위수   왈

爲仲由로라. 曰 是ㅣ 魯孔丘之徒與아? 對曰
위중유   왈 시   노공(구)지도여   대왈

然하다. 曰 滔滔者ㅣ 天下ㅣ 皆是也니 而誰以
연   왈 도도자   천하   개시야   이수이

易之리오? 且而ㅣ 與其從辟人之士也론 豈若
역지   차이   여기종피인지사야   기약

⑤ 초나라 광인인 접여가 노래하면서 공자를 지나치며 말하였다. "봉황이여! 봉황이여! 어찌 덕이 쇠하였는가? 지나간 것은 간할 수 없지만 오는 것은 아직도 따를 수 있으니, 그만 둘지어다! 그만 둘지어다! 오늘날 정치를 좇는 자들은 위태롭다."

◆ 공자께서 수레에서 내리시어 더불어 말하려고 하셨는데, 빨리 걸어 피하니 더불어 말하지 못하셨다.

∥殆 : 위태로울 태. 而 : 어조사 이. 趨 : 빠른 걸음 추. 辟 : 피할 피.

⑥-1 장저와 걸닉이 짝을 지어 밭을 가는데 공자께서 지나시다가 자로를 시켜 나루를 묻게 하시었다.

◆ 장저가 말하기를 "수레 고삐를 잡고 있는 분이 누구인가?"라고 하자, 자로가 "공구이십니다."라고 대답하였다.

◆ "그가 노나라의 공구인가?"라고 다시 묻자 "그렇습니다."라고 대답하니, "그 분은 나루를 알 것이다."라고 하였다.

∥沮 : 막을 저. 耦· : 짝 우.

⑥-2 걸닉에게 물으니, 걸닉이 말하기를 "당신은 누구인가?"라고 하자 자로는 "중유입니다."라고 대답하였다.

◆ 그가 "그대가 바로 노나라 공구의 무리인가?"라고 묻자, "그렇소"라고 대답하였다.

◆ 그는 말하기를 "도도하게 흐르는 것은 천하가 모두 그러한데, 누구와 더불어 바꾸겠는가? 또 그대는 사람을 피하는 선비를 따르는 것보다는 세상을 피하는 선비를 따르는 것이 낫지 않겠는가?"라고 하고는 씨앗 덮는 일을 그치지 않

從辟世之士哉리오하고 耰而不輟하더라.
종 피 세 지 사 재　　　　우 이 불 철

⑥-3 子路ㅣ 行하야 以告한대 夫子ㅣ 憮然曰 鳥獸
자 로　행　　이 고　　부 자　무 연 왈　조 수

는 不可與同群이니 吾ㅣ 非斯人之徒를 與요 而
　불 가 여 동 군　　오　비 사 인 지 도　여　이

誰與리오? 天下ㅣ 有道면 丘ㅣ 不與易也니라.
수 여　　천 하　유 도　　(구)　불 여 역 야

⑦-1 子路ㅣ 從而後러니 遇丈人이 以杖荷蓧하야
자 로　종 이 후　　우 장 인　이 장 하 조

子路ㅣ 問曰子ㅣ 見夫子乎아?
자 로　문 왈 자　견 부 자 호

丈人이 曰 四體를 不勤하며 五穀을 不分하나니
장 인　왈 사 체　불 근　　오 곡　불 분

孰爲夫子오하고 植其杖而芸하더라.
숙 위 부 자　　식 기 장 이 운

⑦-2 子路ㅣ 拱而立한대 止子路宿하야 殺雞爲黍
자 로　공 이 입　　지 자 로 숙　　살 계 위 서

而食之하고 見其二子焉이어늘
이 사 지　　현 기 이 자 언

明日에 子路ㅣ 行하야 以告한대 子ㅣ 曰隱者也
명 일　자 로　행　　이 고　　자　왈 은 자 야

로다하시고 使子路로 反見之하시니 至則行矣러라.
　　　　사 자 로　반 견 지　　지 즉 행 의

았다.
■ 耰 : 씨앗 덮을 우.   輟 : 그칠 철.

⑥-3 자로가 돌아와서 말씀드리니, 공자께서 한동안 겸연쩍은 듯이 계시다가 말씀하셨다.
"새·짐승과는 더불어 무리지어 살 수 없으니, 내가 이 사람의 무리와 더불어 살지 않고 누구와 더불어 살겠는가? 천하에 도가 있었다면 내가 더불어 바꾸려고 하지 않았을 것이다."

⑦-1 자로가 따라가다가 뒤쳐졌는데, 지팡이로 대바구니를 멘 장인을 만나 자로가 묻기를 "그대는 우리 선생님을 보았습니까?"라고 하니, 장인이 말하기를 "사지를 부지런히 움직이지 않고 오곡을 분별하지도 못하는데, 누구를 선생님이라 하는가?"라고 하고, 지팡이를 꽂아놓고 김을 매었다.
■ 荷 : 멜 하.   蓧 : 삼태기 조.   植 : 심을 식.   芸 : 김 맬 운.

⑦-2 자로가 손을 마주잡고 서 있으니, 자로를 머물러 자게 하고는 닭을 잡고 기장밥을 지어 먹이고 그의 두 아들을 만나게 하였다.

◆ 다음날 자로가 떠나와서 공자께 말씀드리니, 공자께서 "숨어 있는 사람이다"라고 하시고, 자로로 하여금 되돌아가 만나보게 하셨는데, 도착해 보니 떠나가 버렸다.
■ 拱 : 두 손 맞잡을 공.   黍 : 기장 서.

⑦-3 子路ㅣ 曰 不仕ㅣ 無義하니 長幼之節을 不
　　 자 로　왈 불 사　무 의　　장 유 지 절　불

可廢也니 君臣之義를 如之何其廢之리오?
가 폐 야　군 신 지 의　여 지 하 기 폐 지

欲潔其身而亂大倫이로다. 君子之仕也는
욕 결 기 신 이 난 대 륜　　군 자 지 사 야

行其義也니 道之不行은 已知之矣시니라.
행 기 의 야　도 지 불 행　이 지 지 의

⑧ 逸民은 伯夷와 叔齊와 虞仲과 夷逸과 朱張과
　 일 민　백 이　숙 제　우 중　이 일　주 장

柳下惠와 少連이니라.
유 하 혜　소 련

子ㅣ 曰 不降其志하며 不辱其身은 伯夷·叔齊
자　왈 불 강 기 지　　불 욕 기 신　백 이　숙 제

與인져!
여

謂柳下惠·少連하사대 降志辱身矣나 言中倫하
위 유 하 혜　소 련　　강 지 욕 신 의　언 중 륜

며 行中慮하니 其斯而已矣니라.
　 행 중 려　　기 사 이 이 의

謂虞仲·夷逸하사대 隱居放言하나 身中清하며
위 우 중　이 일　　은 거 방 언　신 중 청

廢中權이니라. 我則異於是하야 無可無不可호라.
폐 중 권　　아 즉 이 어 시　무 가 무 불 가

⑦-3 자로가 말하였다.
* "벼슬하지 않는 것은 의가 없으니, 어른과 어린이의 예절도 폐할 수 없는데 임금과 신하의 의를 어떻게 폐할 수 있겠는가? 자기 몸을 깨끗하게 하고자 하여 큰 인륜을 어지럽히는구나. 군자가 벼슬하는 것은 그 의를 행하는 것이니, 도가 행하여지지 못할 것은 이미 알고 계셨다."

▎潔 : 깨끗이 할 결.

⑧ 초탈한 사람은 백이와 숙제와 우중과 이일과 주장과 유하혜와 소련이었다.
* 공자께서 말씀하셨다. "그 뜻을 굽히지 않고 그 몸을 욕되게 하지 않은 자는 백이와 숙제로다."
* 유하혜와 소련에 대하여 말씀하셨다. "뜻을 굽히고 몸을 욕되게 하였으나, 말이 윤리에 맞으며 행실이 생각에 맞았으니, 이런 것일 뿐이다."
* 우중과 이일에 대하여 말씀하셨다. "숨어 살면서 말을 함부로 하였으나 몸은 깨끗함에 맞았고, 벼슬을 하지 않은 것은 권도에 맞았다. 나는 이와 달라서 하려고 함도 없고 하지 않으려 함도 없다."

⑨ **大師摯**는 **適齊**하고 **亞飯干**은 **適楚**하고 **三飯繚**는 **適蔡**하고 **四飯缺**은 **適秦**하고 **鼓方叔**은 **入於河**하고 **播鼗武**는 **入於漢**하고 **少師陽**과 **擊磬襄**은 **入於海**하니라.

⑩ **周公**이 **謂魯公曰 君子**ㅣ **不施其親**하며 **不使大臣**으로 **怨乎不以**하며 **故舊**ㅣ **無大故則不棄也**하며 **無求備於一人**이니라.

⑪ **周有八士**하니 **伯達**과 **伯适**과 **仲突**과 **仲忽**과 **叔夜**와 **叔夏**와 **季隨**와 **季騧**니라.

⑨ 태사였던 지는 제나라로 가고, 아반이었던 간은 초나라로 가고, 삼반이었던 요는 채나라로 가고, 사반이었던 결은 진나라로 가고, 북을 치던 방숙은 하내로 들어가고, 소고를 흔들던 무는 한중으로 들어가고, 소사였던 양과 경쇠 치던 양은 바다의 섬으로 들어갔다.

播 : 흔들 파. 鼗 : 땡땡이 도(북자루를 잡고 돌리면 양쪽 끝에 단 구슬이 북을 치도록 만든 작은 북).

⑩ 주공이 노공(주공의 아들 백금)에게 말하였다.
- "군자는 친척을 버리지 않으며, 대신으로 하여금 써주지 않는 것을 원망하지 않게 하며, 옛 친구를 큰 연고가 없으면 버리지 않으며, 한 사람에게 완전히 갖추기를 요구하지 말아야 한다."

施 : 버릴 이(≒弛).

⑪ 주나라에 여덟 선비가 있었으니, 백달과 백괄과 중돌과 중홀과 숙야와 숙하와 계수와 계와였다.

【19】 子張

① 子張이 曰 士ㅣ 見危致命하며 見得思義하며
　　자장　왈 사　견위치명　　견득사의

祭思敬하며 喪思哀면 其可已矣니라.
제사경　　상사애　기가이의

② 子張이 曰 執德不弘하며 信道不篤이면 焉能
　　자장　왈 집덕불홍　　신도부독　　　언능

爲有며 焉能爲亡리오?
위유　언능위무

③ 子夏之門人이 問交於子張한대 子張이 曰
　　자하지문인　문교어자장　　　자장　왈

子夏ㅣ 云何오? 對曰 子夏ㅣ 曰 可者를 與之
자하　운하　대왈 자하　왈 가자　여지

하고 其不可者를 拒之라하더이다.
　　기불가자　거지

子張이 曰 異乎吾所聞이로다. 君子는 尊賢而
자장　왈 이호오소문　　　군자　존현이

容衆하며 嘉善而矜不能이니 我之大賢與인댄
용중　　가선이긍불능　　아지대현여

於人에 何所不容이며 我之不賢與인댄 人將拒
어인　하소불용　　아지불현여　　인장거

我니 如之何其拒人也리오?
아　여지하기거인야

【19】자 장 (총 25장)

① 자장이 말하였다. "선비가 위태로움을 보면 생명을 바치며, 이득을 보면 의를 생각하며, 제사에는 공경을 생각하며, 상사에는 슬픔을 생각한다면 괜찮을 것이다."

▌致 : 바칠 치(≒授).

② 자장이 말하였다. "덕을 잡은 것이 크지 못하고 도를 믿는 것이 독실하지 못하면, 그런 사람을 어찌 있다고 말할 수 있으며, 어찌 없다고 말할 수 있겠는가(평가해서 말할 가치도 없다)?"

③ 자하의 문인이 자장에게 사귀는 것에 대하여 묻자, 자장이 "자하가 무엇이라고 하던가?"라고 되물었다.

- 대답하기를 "자하께서는 괜찮은 자와 함께 하고 좋지 않은 자를 거절하라고 하셨습니다."라고 하였다.
- 자장이 말하였다. "내가 듣던 것과는 다르다. 군자는 어진 사람을 높이고 대중을 포용하며, 착한 사람을 아름답게 여기고 능하지 못한 사람을 불쌍히 여긴다. 내가 크게 어질다면 남에게 어찌 용납되지 않을 것이며, 내가 어질지 못하다면 남들이 장차 나를 거절할 것이니, 어떻게 그 사람을 거절하겠는가?"

④ **子夏**ㅣ **曰 雖小道**나 **必有可觀者焉**이어니와
  자하   왈 수소도   필유가관자언

  致遠恐泥라. **是以**로 **君子**ㅣ **不爲也**니라.
  치원공니   시이   군자   불위야

⑤ **子夏**ㅣ **曰 日知其所亡**하며 **月無忘其所能**이면
  자하   왈 일지기소무   월무망기소능

  可謂好學也已矣니라.
  가위호학야이의

⑥ **子夏**ㅣ **曰 博學而篤志**하며 **切問而近思**하면
  자하   왈 박학이독지   절문이근사

  仁在其中矣니라.
  인재기중의

⑦ **子夏**ㅣ **曰 百工**이 **居肆**하야 **以成其事**하고
  자하   왈 백공   거사   이성기사

  君子ㅣ **學**하야 **以致其道**니라.
  군자   학   이치기도

⑧ **子夏**ㅣ **曰 小人之過也**는 **必文**이니라.
  자하   왈 소인지과야   필문

⑨ **子夏**ㅣ **曰 君子**ㅣ **有三變**하니 **望之儼然**하고
  자하   왈 군자   유삼변   망지엄연

  卽之也溫하고 **聽其言也厲**니라.
  즉지야온   청기언야려

⑩ **子夏**ㅣ **曰 君子**ㅣ **信而後**에 **勞其民**이니 **未信**
  자하   왈 군자   신이후   노기민   미신

  則以爲厲己也니라. **信而後**에 **諫**이니 **未信則**
  즉이위려기야   신이후   간   미신즉

④ 자하가 말하였다. "비록 작은 도(기예)라도 반드시 볼 만한 것이 있지만, 멀리 이르는 데 장애가 될까 두렵다. 이 때문에 군자가 하지 않는 것이다."

▌泥 : 통하지 못하고 빠질 니.

⑤ 자하가 말하였다. "날마다 그 없는 것을 알며, 달마다 그 능한 것을 잊지 않으면 배움을 좋아한다고 말할 수 있다."

⑥ 자하가 말하였다. "널리 배우고 독실하게 뜻을 가지며, 간절하게 묻고 가까이 (비슷한 것끼리 유추해서) 생각하면 인이 그 가운데 있다."

⑦ 자하가 말하였다. "모든 기술자들은 공장에 있으면서 그 일을 이루고, 군자는 배워서 그 도를 이룬다."

▌肆 : 관청의 기술자들이 일하는 장소.

⑧ 자하가 말하였다. "소인은 그 허물을 반드시 꾸며댄다."

⑨ 자하가 말하였다. "군자는 세 번 변하니, 멀리서 바라보면 엄숙하고, 그 앞에 나아가면 온화하고, 그 말을 들어보면 명확하다."

▌儼 : 의젓하고 공손할 엄. 厲 : 엄정할 려.

⑩ 자하가 말하였다. "군자는 믿음을 얻은 뒤에 그 백성을 수고롭게 해야 하는 것이니, 믿음을 얻지 못한다면 자기들을 괴롭힌다고 할 것이다. 믿음을 얻은 뒤에 간해야 하니, 믿음을 얻지 못한다면 자기를 비방한다고 할 것이다."

以爲謗己也니라.
이 위 방 기 야

⑪ 子夏ㅣ 曰 大德이 不踰閑이면 小德은 出入이라도 可也니라.
자하 왈 대덕 불유한 소덕 출입 가야

⑫ 子游ㅣ 曰 子夏之門人小子ㅣ 當灑掃應對進退則可矣나 抑末也라. 本之則無하니 如之何오? 子夏ㅣ 聞之曰 噫라. 言游ㅣ 過矣로다. 君子之道ㅣ 孰先傳焉이며 孰後倦焉이리오? 譬諸草木컨댄 區以別矣니 君子之道ㅣ 焉可誣也리오? 有始有卒者는 其惟聖人乎인져!
자유 왈 자하지문인소자 당쇄소응대 진퇴즉가의 억말야 본지즉무 여지하 자하 문지왈 희 언유 과의 군자지도 숙선전언 숙후권언 비저초목 구이별의 군자지도 언가무야 유시유졸자 기유성인호

⑬ 子夏ㅣ 曰 仕而優則學하고 學而優則仕니라.
자하 왈 사이우즉학 학이우즉사

⑭ 子游ㅣ 曰 喪은 致乎哀而止니라.
자유 왈 상 치호애이지

⑮ 子游ㅣ 曰 吾友張也ㅣ 爲難能也나 然而未仁이니라.
자유 왈 오우장야 위난능야 연이미 인

⑪ 자하가 말하였다. "큰 덕이 한계를 넘지 않으면 작은 덕은 출입이 있어도 괜찮을 것이다."

⑫ 자유가 말하였다. "자하의 제자들은 물 뿌리고 청소하며 응대하고 진퇴하는 예절을 당해서는 괜찮으나, 이는 말단일 뿐이다. 근본적인 것은 없으니, 어찌된 것인가?"
* 자하가 듣고서 말하였다. "아! 언유(언언:자유)가 지나쳤구나. 군자의 도가 어느 것을 먼저라고 하여 전수하며, 어느 것을 뒤라고 하여 게을리 하겠는가? 초목에 비유하면 종류가 달라서 구별하는 것뿐이니, 군자의 도를 어찌 속일 수 있겠는가? 처음이 있고 끝이 있는 것은 오직 성인이실 것이다."

▎灑: 물뿌릴 쇄. 掃: 비로 쓸 소. 區: 부류로 나눌 구.

⑬ 자하가 말하였다. "벼슬을 하고 남은 힘이 있거든 배우고, 배우고 남은 힘이 있거든 벼슬을 해야 한다."

⑭ 자유가 말하였다. "상례는 슬픔을 극진히 하는 수준에서 그쳐야 한다(몸이 상하도록 해서는 안된다)."

⑮ 자유가 말하였다. "나의 벗 자장은 어려운 일을 잘하나, 인하지는 못하다."

⑯ 曾子ㅣ 曰 堂堂乎라! 張也여! 難與竝爲仁矣로다.
증자 왈 당당호 장야 난여병위인의로다.

⑰ 曾子ㅣ 曰 吾ㅣ 聞諸夫子호니 人未有自致者也나 必也親喪乎인져!
증자 왈 오 문저부자 인미유자치자야 필야친상호

⑱ 曾子ㅣ 曰 吾ㅣ 聞諸夫子호니 孟莊子之孝也ㅣ 其他는 可能也어니와 其不改父之臣과 與父之政이 是難能也니라.
증자 왈 오 문저부자 맹장자지효야 기타 가능야 기불개부지신 여부지정 시난능야

⑲ 孟氏ㅣ 使陽膚로 爲士師라. 問於曾子한대 曾子ㅣ 曰 上失其道하야 民散이 久矣니 如得其情則哀矜而勿喜니라.
맹씨 사양부 위사사 문어증자 증자 왈 상실기도 민산 구의 여득기정즉애긍이물희

⑳ 子貢이 曰 紂之不善이 不如是之甚也니 是以로 君子ㅣ 惡居下流하나니 天下之惡이 皆歸焉이니라.
자공 왈 주지불선 불여시지심야 시이 군자 오거하류 천하지악 개귀언

⑯ 증자가 말하였다. "당당하구나! 자장이여! 그러나 함께 인을 하기는 어렵다."

⑰ 증자가 말하였다. "내가 선생님께 들으니 '사람이 스스로 극진히 하는 것이 없더라도, 반드시 부모의 상에는 극진히 해야 한다'라고 하셨다."

⑱ 증자가 말하였다. "내가 선생님께 들으니 '맹장자의 효도 가운데 다른 일은 할 수 있겠으나, 아버지의 신하와 아버지의 정치를 고치지 않은 일은 하기 어렵다'라고 하셨다."

⑲ 맹씨가 양부를 사사士師로 임명하자, 양부가 증자에게 (옥사처리에 대해) 물으니, 증자가 말하였다. "윗사람이 도리를 잃어 백성들이 흩어진 지가 오래 되었다. 만일 법을 어긴 실정을 알게 되면 불쌍히 여기고 기뻐하지 말아야 한다."

⑳ 자공이 말하였다. "주왕의 착하지 않음이 그처럼 심하지는 않았다. 이 때문에 군자는 하류에 처하는 것을 싫어하니, 천하의 악이 모두 모여들기 때문이다."

㉑ 子貢이 曰 君子之過也는 如日月之食焉이라
자공 왈 군자지과야 여일월지식언

過也에 人皆見之하고 更也에 人皆仰之니라.
과야 인개견지 경야 인개앙지

㉒ 衛公孫朝ㅣ 問於子貢曰 仲尼는 焉學고?
위공손조 문어자공왈 중니 언학

子貢이 曰 文武之道ㅣ 未墜於地하야 在人이라.
자공 왈 문무지도 미추어지 재인

賢者는 識其大者하고 不賢者는 識其小者하야
현자 지기대자 불현자 지기소자

莫不有文武之道焉하니 夫子ㅣ 焉不學이시며
막불유문무지도언 부자 언불학

而亦何常師之有시리오?
이역하상사지유

㉓ 叔孫武叔이 語大夫於朝曰 子貢이 賢於仲
숙손무숙 어대부어조왈 자공 현어중

尼하니라. 子服景伯이 以告子貢한대 子貢이 曰
니 자복경백 이고자공 자공 왈

譬之宮牆컨댄 賜之牆也는 及肩이라 窺見室
비지궁장 사지장야 급견 규견실

家之好어니와 夫子之牆은 數仞이라 不得其門
가지호 부자지장 수인 부득기문

而入이면 不見宗廟之美와 百官之富니 得其
이입 불견종묘지미 백관지부 득기

門者ㅣ 或寡矣라. 夫子之云이 不亦宜乎아?
문자 혹과의 부자지운 불역의호

㉑ 자공이 말하였다. "군자의 허물은 일식·월식과 같아서, 잘못이 있으면 사람들이 모두 보고, 허물을 고치면 사람들이 모두 우러러본다."

■ 更 : 고칠 경.

㉒ 위나라 공손조가 자공에게 물었다. "중니는 어디서 배웠는가?"

• 자공이 말하였다. "문왕·무왕의 도가 아직 땅에 떨어지지 않아 사람에게 남아 있다. 어진 자는 그 큰 것을 기억하고, 어질지 못한 자는 작은 것을 기억하고 있어서 문왕·무왕의 도를 갖고 있지 않음이 없으니, 선생님께서 누구에게선들 배우지 않으시며 또 어찌 일정한 스승이 계셨겠는가?"

■ 墜 : 떨어질 추. 識 : 기억할 지.

㉓ 숙손무숙이 조정에서 대부들에게 말하기를 "자공이 중니보다 어질다"고 하였다.

• 자복경백이 이 말을 자공에게 일러주자, 자공이 말하였다. "궁궐의 담장에 비유하면 나의 담장은 어깨에 미쳐 집안의 좋은 것들을 들여다 볼 수 있지만, 선생님의 담장은 몇 길이나 된다. 그 문으로 들어가지 않으면 종묘의 아름다움과 백관의 많음을 볼 수가 없다. 그 문을 얻는 자가 드무니, 숙손의 말이 또한 당연하지 않겠는가?"

■ 肩 : 어깨 견. 窺 : 엿볼 규. 仞 : 길 인.

[19 자장]

㉔ 叔孫武叔이 毁仲尼어늘 子貢이 曰 無以爲也하라. 仲尼는 不可毁也니 他人之賢者는 丘陵也라 猶可踰也어니와 仲尼는 日月也라 無得而踰焉이니 人雖欲自絶이나 其何傷於日月乎리오? 多見其不知量也로다.

㉕ 陳子禽이 謂子貢曰 子爲恭也언정 仲尼ㅣ 豈賢於子乎리오?

子貢이 曰 君子ㅣ 一言에 以爲知하며 一言에 以爲不知니 言不可不愼也니라. 夫子之不可及也는 猶天之不可階而升也니라. 夫子之得邦家者인댄 所謂立之斯立하며 道之斯行하며 綏之斯來하며 動之斯和하야 其生也榮하고 其死也哀니 如之何其可及也리오?

㉔ 숙손무숙이 공자를 헐뜯자, 자공이 말하였다.

"그러지 말라. 중니는 헐뜯을 수 없다. 타인의 어진 것은 언덕과 같아서 넘을 수 있지만, 중니는 해와 달과 같아서 넘을 수 없다. 사람들이 비록 스스로 끊고자 하더라도 어찌 해와 달에 손상이 되겠는가? 다만 자기의 분수를 알지 못하는 것을 보일 뿐이다."

踰 : 넘을 유.   量 : 국량 량.

㉕ 진자금(진강)이 자공에게 말하였다. "그대가 공손해서이지, 중니가 어찌 그대보다 어질겠는가?"

◆ 자공이 말하였다. "군자는 한 마디 말로 지혜롭다고 하며 한 마디 말로 지혜롭지 않다고 하는 것이니, 말을 조심하지 않을 수 없다. 선생님께 미치지 못하는 것은 마치 하늘을 사다리로 오르지 못하는 것과 같다.

선생님께서 나라를 얻으신다면, 세워주면 서고, 인도하면 행해지고, 편안하게 해주면 따라오고, 고무시키면 동화되고, 살아 계시면 영광으로 여기고, 돌아가시면 슬퍼할 것이니, 어찌 미칠 수 있겠는가?"

階 : 사다리 계.   道 : 인도할 도.   綏 : 편안할 유(수).

【20】堯曰

①-1 堯ㅣ 曰咨爾舜아! 天之曆數ㅣ 在爾躬하니
　　요　왈자이순　천지력수　재이궁

允執其中하라. 四海困窮하면 天祿이 永終하리라.
윤집기중　　사해곤궁　　천록　영종

舜이 亦以命禹하시니라.
순　역이명우

曰 予小子履는 敢用玄牡하야 敢昭告于皇皇
왈 여소자리　감용현모　　감소고우황황

后帝하노니 有罪를 不敢赦하며 帝臣不蔽니 簡在
후제　　　유죄　불감사　　제신불폐　간재

帝心이니이다. 朕躬有罪는 無以萬方이요 萬方有
제심　　　　짐궁유죄　무이만방　　만방유

罪는 罪在朕躬하니라.
죄　죄재짐궁

①-2 周有大賚하신대 善人이 是富하니라. 雖有周親
　　주유대뢰　　　선인　시부　　　수유주친

이나 不如仁人이요 百姓有過ㅣ 在予一人이니라.
　　불여인인　　백성유과　　재여일인

謹權量하며 審法度하며 修廢官하신대 四方之政
근권량　　심법도　　수폐관　　　사방지정

이 行焉하니라. 興滅國하며 繼絶世하며 擧逸民하신
　행언　　　흥멸국　　계절세　　거일민

【20】요 왈 (총 3장)

①-1 요임금이 말하셨다. "아! 너 순아, 하늘의 운수가 너의 몸에 있으니, 진실로 그 중을 잡아라. 사해가 곤궁해지면 하늘의 복록이 영원히 끊어질 것이다." 순임금도 이 말로 우임금에게 명하였다.

| 『서경·虞書·大禹謨』天之歷數 在汝躬 汝終陟元后 人心惟危 道心惟微 惟精惟一 允執厥中

- 탕왕이 말하였다. "나 소자 이履는 감히 검은 희생을 써서 감히 크나크신 상제께 아룁니다. 죄 있는 사람을 감히 용서하지 못하오며, 상제의 신하를 감히 가려 막지 못하니, 신하를 선택함은 상제의 마음에 달려 있습니다. 내 몸에 죄가 있는 것은 만방 때문이 아니고, 만방에 죄가 있는 것은 그 죄가 내 몸에 있습니다."

| 牡 : 수컷 희생 모. 簡 : 간택할 간. 『서경·商書·湯誥』의 글인데 조금 다르다.

①-2 주나라에 크게 베푸는 일이 있으니, 착한 사람이 이에 부유하게 되었다(『서경·周書·武成』참조). "비록 지극히 가까운 친척이 있으나 어진 사람만 같지 못하며, 백성들의 허물은 나 한 사람에게 있다(『서경·周書·泰誓』의 글)."

- 저울과 도량형을 삼가고, 법도를 살피며, 폐지된 관직을 정비하시니, 사방의 정치가 제대로 행해졌다. 멸망한 나라를 일으켜주고, 끊어진 세대를 이어주며, 숨은 사람을 등용하시니, 천하의 백성이 마음을 돌렸다.

대 **天下之民**이 **歸心焉**하나니라.
천하지민 귀심언

所重은 **民食喪祭**러시다. **寬則得衆**하고 **信則民**
소중 민식상제 관즉득중 신즉민

任焉하고 **敏則有功**하고 **公則說**이니라.
임언 민즉유공 공즉열

②-1 **子張**이 **問於孔子曰 何如**라야 **斯可以從政**
자장 문어공자왈 하여 사가이종정

矣니잇고? **子ㅣ 曰尊五美**하며 **屛四惡**이면 **斯可**
의 자 왈존오미 병사악 사가

以從政矣리라.
이종정의

子張이 **曰 何謂五美**니잇고? **子ㅣ 曰君子**는 **惠**
자장 왈 하위오미 자 왈군자 혜

而不費하며 **勞而不怨**하며 **欲而不貪**하며 **泰而**
이불비 노이불원 욕이불탐 태이

不驕하며 **威而不猛**이니라.
불교 위이불맹

子張이 **曰 何謂惠而不費**니잇고? **子ㅣ 曰因民**
자장 왈 하위혜이불비 자 왈인민

之所利而利之니 **斯不亦惠而不費乎**아? **擇**
지소리이이지 사불역혜이불비호 택

可勞而勞之어니 **又誰怨**이리오? **欲仁而得仁**이어
가로이노지 우수원 욕인이득인

니 **又焉貪**이리오?
우언탐

+ 소중히 여겼던 것은 백성의 먹는 것과 상례와 제례였다. 너그러우면 대중을 얻고, 신의가 있으면 백성들이 신임하고, 민첩하면 공적이 있고, 공정하면 기뻐한다.

②-1 자장이 공자께 묻기를 "어떻게 해야 정사에 종사할 수 있습니까?"라고 하니, 공자께서 "다섯 가지 아름다운 것을 높이고 네 가지 악한 것을 물리치면 이에 정치에 종사할 수 있을 것이다."라고 대답하셨다.

▎屛 : 막을 병.

+ 자장이 "무엇을 다섯 가지 아름다운 것이라고 합니까?"라고 되묻자, 공자께서 "군자는 은혜롭게 하지만 허비하지 않으며, 수고롭게 하지만 원망하지 않으며, 하고자 하면서도 탐하지 않으며, 태연하지만 교만하지 않으며, 위엄스러우면서도 사납지 않다"라고 대답하셨다.

+ 자장이 "무엇을 은혜롭게 하지만 허비하지 않는 것이라고 합니까?"라고 묻자, 공자께서 말씀하셨다. "백성들이 이롭게 여기는 것을 따라 이롭게 해주니, 이 또한 은혜롭게 하지만 허비하지 않는 것이 아니겠는가? 수고롭게 할 만한 일을 선택하여 수고롭게 하니 또 누가 원망하겠는가? 인을 하고자 하여 인을 얻으니 또 무엇을 탐하겠는가?

君子ㅣ 無衆寡하며 無小大히 無敢慢하나니 斯
군자 무중과   무소대 무감만   사

不亦泰而不驕乎아? 君子ㅣ 正其衣冠하며 尊
불역태이불교호 군자 정기의관   존

其瞻視하야 儼然人望而畏之하나니 斯不亦威
기첨시   엄연인망이외지   사불역위

而不猛乎아?
이불맹호

②-2 子張이 曰 何謂四惡이니잇고?
    자장 왈 하위사악

子ㅣ 曰 不敎而殺을 謂之虐이요 不戒視成을
자 왈 불교이살 위지학   불계시성

謂之暴요 慢令致期를 謂之賊이요 猶之與人
위지포 만령치기 위지적   유지여인

也로대 出納之吝을 謂之有司니라.
야   출납지린 위지유사

③ 子ㅣ 曰 不知命이면 無以爲君子也요 不知禮
   자 왈 부지명   무이위군자야   부지례

면 無以立也요 不知言이면 無以知人也니라.
  무이립야 부지언   무이지인야

• 군자는 많거나 적거나 크거나 작거나에 관계없이 감히 교만하지 않으니, 태연하면서도 교만하지 않은 것이 아니겠는가? 군자는 의관을 바르게 하며 보는 것을 높이 하여 엄숙해서 사람이 바라보고 두려워하니, 이것이 또한 위엄스러우면서도 사납지 않은 것이 아니겠는가?"

▌慢 : 오만할 만. 瞻 : 우러러 볼 첨.

②-2 자장이 "무엇을 네 가지 악이라고 합니까?"라고 묻자, 공자께서 대답하셨다. "가르치지 않고 죽이는 것을 학정이라고 하고, 미리 경계하지 않고 성공을 책망하는 것을 포악하다고 하고, 명령을 태만히 하고 기일을 각박하게 하는 것을 해친다고 하고, 똑같이 남에게 주면서도 출납할 때에 인색하게 하는 것을 유사有司라고 한다."

③ 공자께서 말씀하셨다. "명을 알지 못하면 군자가 될 수 없으며, 예를 알지 못하면 설 수 없으며, 말을 알지 못하면 사람을 알 수 없다."

공자와 제자들의 인물사전

1. 공구(孔丘, B.C.551~479) : 공자孔子

춘추시대의 대사상가·교육자. 유교의 개조이자 성인聖人. 공孔은 성이고 자字는 '큰 선생'의 뜻이며, 이름은 구丘, 자는 중니仲尼. 노魯나라 창평향 추읍 출신. 아버지는 숙량흘叔梁紇, 어머니는 안징재顔徵在이다. 숙량흘은 60세가 넘어 젊은 안징재와의 사이에서 공자를 낳았다고 한다. 안징재는 공자를 낳기 위해서 니구산尼丘山에서 기도하였다고 하는데, 공자의 이름이 구丘이고 자가 중니仲尼인 것도 니구산과의 관계에서 온 것이라고 한다. 혹은 나면서부터 정수리 가운데가 움푹 들어가 언덕처럼 생겼으므로 이름을 구丘라 했다고도 한다.

『논어』「자한子罕」에는 공자 스스로 "나는 어려서 빈천했기 때문에 천한 일도 많이 할 줄 알게 되었다"라고 말한 기사가 있다. 또한 공자가 24세 때(B.C.528) 어머니가 돌아가셨는데 그때서야 사람들에게 물어 아버지 무덤을 찾아 합장했다고 하였으니(『史記』), 공자는 극히 어려운 생활을 하였다고 할 수 있다.

공자는 19세 때(B.C.533) 노나라의 위리委吏 벼슬을 하였고, 그 해에 기관씨亓官氏 집안 딸에게 장가들어 다음 해에 아들 리鯉를 낳았다. 21세에는 승전리乘田吏가 되었는데, 나라의 가축을 기르는 낮은 관직이었다. 24세에 어머니 안징재가 돌아가셨다. 35세 되던 해 신하들에게 쫓겨 제나라로 망명한 소공을 따라 갔다가, 37세 되던 해(B.C.515) 겨울에 다시 노나라로 돌아왔다.

51세 때 노나라의 중도재中都宰라는 벼슬에 올랐는데, 중도재란 중도를 다스리는 장관으로, 공자가 벼슬한 지 일년만에 다른 고을이 모두 본받을 정도로 질서가 잡히고 예의와 윤리의 기틀이 잡혔다.

52세에 노나라 정공과 제나라 경공이 협곡에서 회합을 할 때, 두 나라 사이에서 외교상의 공로를 세움으로써, 그 이듬해 국토를 관장하는 사공司空에 임명되고, 그 다음해 법을 다스리는 사구司寇에 임명되었다. 공자는 나라를 어지럽히는 삼환씨와 소정묘를 견재하고, 굳은 신념과 올바른 판단을 바탕으로 재상에 까지 오르고 명성이 국외에 떨쳤으나, 제나라의 방해로 벼슬을 그만두었다.

55세 때 공자는 자신의 이상을 실현할 나라와 임금을 찾아서 다시 국외로 망명길에 올랐다. 『사기史記』의 12제후연표를 보면 공자가 70여 나라를 돌아다녔다고 했으나 확실치 않으며, 긴 여정에서 여러 어려움을 겪었다.

위衛나라를 떠나 진陳으로 가다가 광 땅에서 양호陽虎로 오인받아 위협을 받았으며, 송宋나라를 지나다 송나라의 대장군 사마환퇴司馬桓魋가 공자를 죽이려고 하였다. 진나라에서 삼년가량 머물렀으며, 진나라와 채나라 사이에 머물다가 초나라 소왕이 공자를 초빙하자 강대국으로 현명한 공자가 갈 것을 염려한 진나라와 채나라가 군대를 동원하여 길을 막았다. 이로 인해 병든 제자가 생기고 곤란에 처하게 되었다.

노나라 애공 11년(B.C.484)에 계강자의 초청을 계기로 위나라를 떠나 노나라로 돌아왔다. 68세가 되어 되돌아오기까지 13년 동안 공자는 여러 나라의 임금들과 만나 도덕정치를 이념으로 설득하였다.

따라서 공자는 먼저 후세에 전할 전적으로서 육경六經을 편정

編定하고 그것을 통하여 자신의 이상을 후세 사람들에게 교육하려 하였다.『사기』「공자세가」에는 공자의 제자 수가 3천 명이었는데, 그 중 육예六藝에 통달한 사람이 72명이었다고 기록하고 있다. 공자는 삼대(夏·殷·周)의 문물제도를 집대성하고 체계화해서 유교사상을 확립시켰다. 저서로는『시경詩經』·『역경易經』·『춘추春秋』와 그의 제자들이 그의 언행을 기록한『논어』등이 있다.

『논어』에는 27명의 제자가 언급되어 있는데, 선진편에 4과에 통달한 제자를 적었는데, 덕행에는 안연·민자건·염백우·중궁이었고, 언어에는 재아·자공이었고, 정사에는 염유·계로였고, 문학에는 자유·자하가 뛰어났다. 이들을 공문십철孔門十哲이라 한다.

2. 공야장公冶長(이름) : 자장子長(字)

공자의 제자로 사위가 되었다. 의지가 굳건하여 공자는 그를 사위로 삼을 만한 인물이라고 칭찬하였으며, 한때 옥에 갇혔으나 그의 죄가 아니라고 두둔하였다. 또한 그는 새나 돼지의 말도 들을 줄 알았다고 한다.

3. 남용南容(字) 남궁괄南宮适(이름)

『논어』「공야장」에 공자가 남용을 평하기를 "나라에 도가 있으면 버려지지 않을 것이고, 나라에 도가 없으면 형벌은 면할 것이다" 하시고, 형의 딸을 그에게 시집보냈다고 한다.

4. 민자건閔子騫(字) 민손閔損(이름) B.C.536~?

공자보다 15세 어린 제자. 『논어』 「선진先進」에서 공자께서 말씀하시기를 "효자구나, 민자건이여! 사람들도 그 부모와 형제의 칭찬하는 말에 간격間隔함이 없도다."라고 하여 부모형제가 민자건의 효행을 칭찬하는 말에 남들도 이의가 없다고 평하였다. 그는 대부에게 벼슬하지 않았으며, 무도한 임금의 녹祿을 먹지 않았다. 『논어』 「옹야雍也」에서 계씨가 그에게 벼슬을 주려고 하자 "만일 다시 나를 부른다면, 그 즉시 나는 저 문수汶水가에 가서 살 것이다"고 말하였다. 문수汶水는 제齊나라에 있는 강이름이니 노魯나라를 떠나겠다는 의지를 표현한 것이다.

5. 백어伯魚(字) 공리孔鯉(이름) B.C.531~481

공자의 아들로 공자보다 일찍 죽었다. 『논어』 「계씨季氏」에서 시詩를 배우지 않으면 말을 할 수 없다는 공자의 말을 듣고 곧바로 시를 배웠으며, 예禮를 배우지 않고서는 입신을 할 수 없다는 말을 듣고 곧바로 예를 배웠다는 일화가 전해진다.

6. 번지樊遲(字) 번수樊須(이름)

공자에 비해 36살 연하로, 평범한 농부였다. 공자가 노나라에서 돌아온 후 사사하게 되었다. 그는 인보다는 지의 문제에 관심이 많았고, 농사에 관하여 묻다가 공자로부터 소인이라는 말을 들었다.

7. 사마우司馬牛(字) 사마리경司馬犂耕(이름)

환퇴桓魋의 동생이다. 『논어』「안연顔淵」에서 그는 공자에게 인仁, 군자君子 등에 대해 질문을 했고, 환퇴가 악한 행위를 자행하자 자신에게는 형제가 없다고 탄식하였는데, 자하子夏는 이에 대하여 "군자로서 공경하고 과실이 없으며 남에게 공손하여 예의를 지키면 세상사람 모두가 형제니 걱정말라"고 일러 준 내용이 보인다.

8. 신정申棖(이름) 자주子周(字)

노魯나라 출신. 『논어』「공야장公冶長」에서 평소 강직하기로 유명했으나 욕심이 많았다고 기록되어 있다.

9. 안회顔回(이름) 안연顔淵(字) B.C.521~B.C.481

안무요顔無繇의 아들로 아버지와 함께 공자의 문하에 입문하여 공자의 3천 제자 중 제일의 제자가 되었으며, 공문십철孔門十哲 가운데 덕행德行으로 꼽힌다. 공자보다 30세 아래였으나 32세로 요절하였다. 그는 공자의 제자 중에서 생활이 가장 곤궁하였는데도 가장 어질고 학문을 좋아하였으며 공자의 가르침을 가장 성실하게 실천하였다. 공자는 그에 대하여 가난 속에서의 학문 탐구와 그 실천을 높이 평가하였다.

10. 안평중晏平仲(字) 안영晏嬰(이름) ?~B.C.500

춘추시대 제齊나라의 뛰어난 정치가·재상으로 정鄭의 자산子産·진晉의 숙향叔向·오吳의 계찰季札·위衛의 거백옥遽伯玉과 나란히 일컬어진다. 『논어』「공야장」에는 공자가 그를 일러 "남과

잘 사귀어 오래되어도 남을 잘 공경하였다."고 칭찬한 기록이 있다. 당시 제齊나라는 부유하였으므로 사치하는 풍조가 일었었는데, 그는 검소한 생활을 직접 실천하여 사람들로 하여금 감복하여 따르게 하고자 하였다.

1. **염구冉求(이름) 염유冉有(字) B.C.522~489**

공문십철孔門十哲의 한 사람. 정사에 밝았으며,『사기』「중니제자열전」에 의하면 공자보다 29세가 적고 계씨季氏의 재宰를 지냈다고 한다. 그에 대한 기록은 『논어』에 15절이 있다. 그는 부국강병富國强兵의 술術이 뛰어나 노나라가 제나라에게 승리하는 데 결정적인 역할을 하였다.

2. **염백우冉伯牛(字) 염경冉耕(이름) 약B.C.544~?**

공문십철의 한 사람으로 안연·민자건과 함께 덕행이 뛰어났다. 공자보다 7세 연하이다. 그는 어질었으며 성인의 일면을 갖추고 있었으나 약하였다. 『논어』「옹야雍也」편에는 그가 병에 걸리자 공자가 문병가서 창 너머로 그의 손을 잡고 "명命이로구나, 이 사람이 이런 병에 걸리다니."라고 하며 애석해 하였다.

3. **원헌原憲(이름) 자사子思(字) B.C.515~?**

독서를 즐기고 청빈한 생활을 하였으며, 공자가 노나라의 사구司寇가 되었을 때 공자의 가신家臣이 되었다. 『논어』「헌문憲問」에서 그가 공자에게 부끄러운 것을 묻자 공자는 "나라에 도道가

있을 때 벼슬을 하는 것은 떳떳한 일이지만 나라에 도가 없을 때 벼슬을 하는 것은 군자君子의 치욕이 된다"고 하였다. 『사기史記』「중니전仲尼傳」과 『논어』「옹야雍也」·「헌문憲問」에 그에 관한 기록이 있다.

14. **유약有若(이름) 자유子有(字) 유자有子** B.C.538(518)~457

공문제자 가운데 덕망이 높아 존숭 받았다고 한다. 그는 예禮의 주체를 공경恭敬이라 하였으며 효孝·제悌를 인仁의 근본으로 중시하였다. 『논어』「학이學而」에 그에 관한 기록이 보인다.

15. **자공子貢(字) 단목사端木賜(이름)** B.C.507~420)

공문십철 가운데 한사람으로 언어에 뛰어났다. 그에 대한 기록은 『논어』에 39나 나온다. 공자의 제자 가운데 가장 부유하였으며, 공자가 여러 나라를 돌아다니며 군주들에게 이상을 설파할 때 그 후원자역할을 하였다.

16. **자로子路(字) 중유仲由(이름)** B.C.542~480

공문십철의 한 사람으로 염유冉有와 함께 정사政事에 뛰어났다. 공자보다 9세 연하. 그는 노魯나라와 위衛나라에서 벼슬을 하다가 위후衛侯 괴외蒯聵의 난리를 만나 의리를 지키다가 죽었다. 자최子崔라는 아들이 있었다.

17. **자산子産(字) 공손교公孫僑(이름) ?~B.C.522**

정鄭나라 출신으로 목공穆公의 손자이며, 자국子國의 아들. 『논어』「헌문憲問」에 공자는 "외교문서를 만들 때 마지막 윤색을 자산이 하였다"라 하였고, 또한 그를 평하여 "은혜로운 사람이다"라고 말했다. 현대부賢大夫이자 재상宰相으로서 정치에 뛰어났다.

18. **자우子羽(字) 담대멸명澹臺滅明(이름) B.C.522~?**

공자보다 39세 어린 제자. 용모가 너무 못생겨서 그가 공자를 섬기고자 할 때, 공자께서 그의 재주를 박하게 생각하였다. 그러나 이미 수업을 마치고 물러가 덕행을 닦으니, 『논어』「옹야雍也」에서 자유子游가 그에 대해서 공자에게 대답하기를 "다닐 때에도 지름길로 가지 아니하며 공사公事가 아니면 경대부를 만나보지 않았습니다."라고 하였다.

19. **자유子游(字) 언언言偃(이름) B.C.506~?**

공문십철 가운데 한 사람으로서 자하子夏와 함께 문학에 뛰어났다.

『논어』「양화陽貨」에서 보면 그가 노魯나라 무성武城의 읍재邑宰가 되어 있을 때, 공자께서 지나시다가 현가弦歌의 소리를 들으시고 빙그레 웃으시며, "닭 잡는데 소 잡는 칼을 쓰리오?"라고 하였다. 그가 대답하여 말하기를 "예전에 제가 선생님께 듣자오니 '군자가 도를 배우면 사람을 사랑하고, 소인이 도를 배우면 부림이 쉽다'고 하셨습니다."라고 하자 공자께서 "너희들, 언의 말이 옳다. 아까 한 말은 농담일 뿐이야"라고 하여서 조그만 고을에서 예악의 큰 도로써 다스림을 기뻐하셨다. 또한 담대멸명澹臺滅明의 현명함을 알아보고 그를 등용하였다.

20. 자장子張(字) 전손사顓孫師(이름) B.C.503~?

진陳나라 출신으로 공문제자 가운데 자천子賤(복불제)과 함께 공자보다 49세 어린 최연소자이다. 위태로움을 보고는 목숨을 바치고 이로움을 보고는 대의大義를 생각해야 하며, 덕德을 널리 행하고 도道의 믿음을 독실히 해야 한다고 말하였다.

21. 자하子夏(字) 복상卜商(이름) B.C.507~400)

공문십철의 한 사람으로 언언言偃과 함께 문학文學에 뛰어났다. 거보의 재宰를 지냈으며, 만년에는 서하西河에 살면서 위문후魏文侯의 스승이 되었다. 태사太師가 되기 전부터 이미 현자賢者로 존경을 받았으며 당시 서하의 사람들은 그를 공자와 흡사하다고 하였다. 『논어』에는 그의 언동이 19차례 보이는데, 그가 배움을 좋아하며, 뜻이 독실하고 힘써 행하였음을 알 수 있다.

22. 자화子華(字) 공서화公西華(이름) B.C.509~?

공자보다 42세 연하인 제자. 노魯나라 출신. 『논어』 「공야장公冶長」에서 공자가 "적赤은 예복을 입고 띠를 두르고서 조정에 서서

빈객들과 응대할 수 있는 사람"이라고 평하였다. 그가 대인교섭에 재주가 뛰어났음을 알 수 있다. 또한 그는 공자의 장례를 주재하였다고 한다.

23. 재아宰我(이름) 재여宰予 B.C.515~? 자아子我(字)

구변이 좋고 말솜씨가 있었다. 『논어』 「양화陽貨」에서 공자에게 3년 상을 1년 상으로 고쳐야 한다고 건의하였다. 그것에 대하여 공자는 "자식이 난지 3년이 된 뒤라야 비로소 부모의 품을 면하니, 무릇 3년의 상은 천하에 통하는 도리이다."라고 하며 그의 어질지 못함을 안타까워했다.

또한 『논어』 「공야장公冶長」에서 재여가 낮잠을 자니 공자께서 꾸짖으셨다. "썩은 나무에는 새기지 못하며, 똥묻은 흙담에는 흙손하지 못할 것이니라."라고 하여 그의 게으름을 꾸짖으셨다.

24. 좌구명左丘明(이름)

공자와 같은 시대 사람으로 태사太史를 지냈다. 『논어』 「공야장公冶長」편에는 공자가 좌구명의 덕행德行을 칭찬하여 "교언영색巧言令色과 족공足恭을 좌구명이 부끄럽게 여기니 나도 또한 부끄러워한다. 원망을 숨기고 그 사람과 친구로 지내는 것을 좌구명이 부끄럽게 여겼는데 나도 또한 그것을 부끄러워 한다"라고 한 말이 전한다.

25. 중궁仲弓(字) 염옹冉雍(이름) B.C.522~?

공자보다 29세 연하인 제자. 공문십철의 한 사람으로서 안회顔回·민손閔損 등과 함께 덕행에 뛰어났다. 『논어』에 6번 등장하며 계씨季氏의 가신家臣을 지냈다. 아버지의 신분은 비천하였지만 그는 매우 어질었기 때문에 아버지의 악惡을 가릴 수 있었다고 하여, 공자는 『논어』「옹야雍也」에서 "얼룩소의 새끼가 붉고 뿔이 단정하면 비록 쓰지 않으려 하나 산천의 신神이 버리겠는가?"라고 비유하며 칭찬하였다. 또 그를 군주자리에 앉힐 만하다고 평가하였다.

26. 증석曾晳(字) 증점曾點(이름)

증삼曾參의 아버지. 노魯나라 무성武城출신. 공자를 존숭하여 그 가르침에 따른 실천을 돈독히 하였지만, 공자가 주유열국周遊列國할 때 함께 하지 못하였다. 『논어』「선진先進」에는 "늦은 봄에 봄옷이 만들어지거든 어른 5~6인과 동자 6~7인과 더불어 기수沂水에서 목욕하고 무우舞雩에 올라 소풍하다가 시詩를 읊으면서 돌아오겠습니다"라고 자신의 이상을 말한 일화가 있다. 공자는 이 말에 깊이 감탄하면서 "나도 증점을 따르리라"고 하였다.

27. 증자曾子 증참曾參(이름) B.C.506~436
자여子輿(字)

증점曾點의 아들이며, 공자보다 46살 연하로 제자 가운데 나이가 어리고 노둔魯鈍하였

으나, 뜻이 성실하였기 때문에 공자의 도道의 진수를 얻었다고 한다. 공자가 주유열국周遊列國할 때 공자를 만나 스승으로 섬겼다. 그는 도道를 공자에게서 전수받아 다시 공급孔伋에게 전했으며, 공급은 맹자孟子에게 전하였다.

28. **칠조개漆雕開(이름) B.C.540~?) : 자개子開**

공자보다 11세 연하인 제자. 『논어』「공야장公冶長」에는 공자가 사구司寇가 되어 그에게 벼슬할 것을 권하자 "아직 벼슬할 만한 이치에 대해 자신할 수 없습니다."라고 대답하여 공자가 그의 독지篤志를 기뻐한 내용이 있다.

공자 제자 일람표

『사기』나 『가어』에 모두 77명이 기록되어 있고 있다고 했으나, 공백료·교선·진염(사기에만 있음)과 금뢰·진항·현단(가어에만 있음)이 서로 빠져있다.

※ 여기서는 『사기』의 공백료=신당을 동일인으로 보고, 『가어』의 신적(신료)와도 동일인으로 보았다. 공백료는 공자의 제자가 아니란 설이 유력하다. 또 정국과 설방도 동일인으로 보았다.

순서	이름		자字		출신국
	사기열전	공자가어	사기열전	공자가어	
1	고시高柴	⇔	자고子羔	⇔	위衛, 제齊
2	공견정公堅定	공견公肩 (공빈公賓)	자중子中	자중子仲	노魯
3	공백료公伯僚		자주子周		노魯
4	공서여여 公西輿如	공서여公西輿	자상子上	⇔	노魯
5	공서적公西赤	⇔	자화子華	⇔	노魯
6	공서점公西蒧	공서감公西減	자상子上	자상子尚	
7	공석애公晳哀	공석애公析哀	계차季次	계침季沈	노魯, 제齊
8	공손룡公孫龍		자석子石		초楚, 위衛
9	공야장公冶長		자장子長	⇔	제齊, 노魯
10	공양유公良孺	공양유公良儒	자정子正	⇔	진陳
11	공조구자 公祖句玆	공조자公祖玆	자지子之	⇔	노魯
12	공충孔忠	공충孔忠 (공불孔弗)		자멸子蔑	노魯
13	공하수公夏首	공하수公夏守	승乘	자승子乘	노魯

순서	이름 사기열전	이름 공자가어	자字 사기열전	자字 공자가어	출신국
14	교선鄡單		자가子家		노魯
15	구정강勾井彊	구정강勾井彊		자강子彊	위衛
16		금뢰琴牢		자개子開 (자장子張)	위衛
17	남궁괄南宮括	남궁도南宮縚	자용子容	⇐	제齊, 노魯
18	단목사端木賜	⇐	자공子貢	⇐	위衛
19	담대멸명 澹臺滅明	⇐	자우子羽	⇐	무성武城
20	무마시巫馬施	무마기巫馬期	자기子旗	자기子期	진陳, 노魯
21	민손閔損	⇐	자건子騫	⇐	노魯
22	방손邦巽	방선邦選	자렴子斂	자음子飮	노魯
23	백건伯虔	⇐	자석子析	자해子楷	노魯
24	번수樊須	⇐	자지子遲	⇐	제齊, 노魯
25	보숙승步叔乘	⇐	자거子車	⇐	제齊
26	복불제宓不齊	⇐	자천子賤	⇐	노魯
27	복상卜商	⇐	자하子夏	⇐	위衛
28	사마경司馬耕	사마려경 司馬黎耕 (사마리경) (司馬犂耕)	자우子牛	⇐	송宋
29	상구商瞿		자목子木	⇐	노魯
30	상택商澤	⇐	결缺	자수子秀	노魯
31	석작촉石作蜀	석자촉石子蜀	자명子明	⇐	진秦
32	숙중회叔仲會	⇐	자기子期	⇐	노魯, 진晉
33	시지상施之常	⇐	자항子恒	자상子常	노魯

공자제자일람표

순서	이름 (사기열전)	이름 (공자가어)	자字 (사기열전)	자字 (공자가어)	출신국
34	신당申黨 (신정申棖)	신료申繚 (신적申績)	자주子周	⇦	노魯
35	악해樂欬	악흔樂欣	자성子聲	⇦	노魯
36	안고顏高	안각顏刻	자교子驕	⇦	노魯
37	안무요顏無繇	안유顏由	로路	계로季路	노魯
38	안조顏祖	안상顏相	양襄	자양子襄	노魯
39	안지복顏之僕		숙叔	자숙子叔	노魯
40	안쾌顏噲	⇦	자성子聲		노魯
41	안하顏何		염冉	⇦	노魯
42	안행顏幸	안신顏辛	자류子柳	⇦	노魯
43	안회顏回		자연子淵	⇦	노魯
44	양사적양駟赤	양사적양駟赤	자도子徒	자종子從	진秦, 제齊
45	양전梁鱣	⇦	숙어叔魚	⇦	제齊
46	언언言偃	⇦	자유子游	⇦	오吳, 노魯
47	연급燕伋	연급燕級	사思	자사子思	진秦
48	염결廉絜	염결廉潔	용庸	자조子曹	위衛
49	염경冉耕	⇦	백우伯牛	⇦	노魯
50	염계冉季	⇦	자산子産	⇦	노魯
51	염구冉求	⇦	자유子有	⇦	노魯
52	염옹冉雍	⇦	중궁仲弓	⇦	노魯
53	염유冉孺	염유冉儒	자로子魯	자어子魚	노魯
54	영기榮旂	영기榮祈	자기子祈	자기子祺	노魯
55	원항原亢	완도原桃	적籍	자적子籍	노魯
56	원헌原憲		자사子思	⇦	노魯, 송宋
57	유약有若		자유子有	⇦	노魯
58	임불제任不齊	⇦	선選	자선子選	초楚

공자제자일람표

순서	이름 (사기열전)	이름 (공자가어)	자字 (사기열전)	자字 (공자가어)	출신국
59	재여宰予	⇐	자아子我	⇐	노魯
60	적흑狄黑	⇐	석晳	철지哲之	위衛
61	전손사顓孫師	⇐	자장子張	⇐	진陳
62	정국鄭國	설방薛邦	자도子徒	자종子從	노魯
63	조휼曹卹	⇐	자순子循		채蔡
64	좌인영左人郢	좌영左郢	행行	자행子行	노魯
65	중유仲由	⇐	자로子路	⇐	변卞(下)
66	증점曾蒧	증점曾點	석晳	자석子晳	노魯 남무성南武城
67	증참(삼)曾參	⇐	자여子輿	⇐	노魯 남무성南武城
68	진비秦非	⇐	자지子之	⇐	
69	진상秦商	⇐	자비子丕	불자不慈	노魯
70	진염秦冉		개開		채蔡, 노魯
71	진조秦祖	⇐	자남子南	⇐	진秦
72		진항陳亢		자항子亢 (자금子禽)	진陳
73	칠조개漆雕開	⇐	자개子開	자약子若	노魯, 채蔡
74	칠조도漆雕徒	칠조종漆雕從	부父	자문子文	
75	칠조차漆雕哆	칠조치漆雕侈	자렴子斂	⇐	노魯
76	한보흑罕父黑	재보흑宰父黑	자흑子黑	자삭子索	노魯
77	해용점奚容蒧	해잠奚蒧 (해점奚蒧)	자석子晳	자해子楷 (자해子偕)	위衛
78		현단懸亶		자상子象	
79	현성縣成	⇐	자기子祺	자횡子橫	노魯
80	후처后處	석처石處	자리子里	리지里之	제齊
	총 77명	총 77명			

인물 색인
논어에 인용된 인물을 [장] 과 절로 표시하여 찾기 쉽도록 하였고, 인물의 상세설명은⇒로 페이지를 표시하였다.

ㄱ

- 강자⇒계강자
- 거백옥 【14】 26 【15】 6
- 걸닉 【18】 6-1,6-2
- 계강자 【2】 20 【6】 6 【10】 11 【11】 6 【12】 17~19 【14】 20
- 계로⇒자로
- 계문자 【5】 19
- 계씨 【3】 1,6 【6】 7 【11】 16 【13】 2 【16】 1
- 계자연 【11】 23
- 계환자 【18】 4
- 고시高柴⇒자고
- 구求⇒염구
- 공명가 【14】 14
- 공백료 【14】 38
- 공산불요 【17】 5
- 공서화⇒자화
- 공야장 【5】 1⇒270p
- 관중 【3】 22 【14】 10,17~18
- 극자성 【12】 8
- 기자 【18】 1

ㄴ

- 남용=남궁괄 【5】 1 【11】 5 【14】 6⇒270p

ㄷ

- 담대멸명⇒자우

ㄹ

- 리鯉⇒백어

ㅁ

- 맹경자 【8】 4
- 맹공작 【14】 12
- 맹무백 【2】 6 【5】 7
- 맹손=맹의자 【2】 5
- 맹지반 【6】 13
- 무마기 【7】 30
- 무왕 【8】 20
- 문왕 【9】 5
- 미생고 【5】 23
- 미생묘 【14】 34
- 미자 【18】 1
- 민자건 【6】 7 【11】 2,4,12~13 ⇒270p

ㅂ

- **백어** 【16】 13 【17】 10⇒271p
- **백우**⇒염백우
- **백이숙제** 【5】 22 【7】 14
  【16】 12 【18】 8
- **번지** 【2】 5 【6】 20 【12】
  21~22 【13】 4,19　⇒271p
- **비간** 【18】 1

ㅅ

- **사사**賜⇒자공
- **사師**⇒자장
- **사마우** 【12】 3~5⇒271p
- **섭공** 【7】 18 【13】 16,18
- **소공** 【7】 30
- **숙손무숙** 【19】 23~24
- **신정**申棖 【5】 10⇒272p

ㅇ

- **안회** 【2】 9 【5】 8,25 【6】
  2,5,9 【7】 10 【9】 10,20 【11】
  2,6~10,18,22 【12】 1 【15】 10
  ⇒272p
- **안평중** 【5】 16⇒273p
- **애공** 【2】 19 【3】 20 【6】 2
  【12】 9
- **양화** 【17】 1
- **염구** 【2】 7 【5】 7 【6】 3,6,10
  【7】 10 【11】 2,12,21,23,25
  【13】 9,14 【14】 13

  【16】 1-1⇒273p
- **염백우** 【6】 8 【11】 2⇒273p
- **염자**⇒염구
- **영무자** 【5】 20
- **옹**雍⇒중궁
- **왕손가** 【3】 13 【14】 20
- **우임금** 【8】 18~21 【14】 6
  【20】 1
- **원양** 【14】 46
- **원헌** 【14】 1⇒273p
- **위령공** 【14】 20 【15】 1
- **유**由⇒자로
- **유약=유자** 【1】 2,12,13
  【12】 9⇒274p
- **유하혜** 【15】 13 【18】 2,8
- **임방** 【3】 4,6

ㅈ

- **자고**子羔 【11】 16,24
- **자공**子貢 【1】 10,15 【2】 13
  【3】 17 【5】 3,8,11~12,14
  【6】 6,28 【7】 14 【9】 6,12
  【11】 2,12,15 【11】 16
  【12】 7~8,20,23 【13】 20,24
  【14】 18,30~31,37 【15】 2,9,23
  【17】 19,24 【19】 20~25⇒274p
- **자금** 【1】 10
- **자로**子路 【5】 6~7,13,25
  【6】 6,26 【7】 10,18,34
  【9】 11,26 【10】 18 【11】 1~2,

	11~12,14,16~17,21,23~25 【12】 12 【13】 1,3,28 【14】 13,17,23,38,41,45 【15】 1 【16】 1-1 【17】 5,7~8, 23 【18】 6-1,6-3,7⇒274p
▪ **자복경백**	【14】 38 【19】 23
▪ **자산**	【5】 15 【14】 9~10⇒275p
▪ **자상백자**	【6】 1
▪ **자우**子羽	【6】 12 【14】 9⇒275p
▪ **자유**子游	【2】 7 【4】 26 【6】 12 【11】 2 【17】 4 【19】 12,14,15　⇒275p
▪ **자장**子張	【2】 18,23 【5】 18 【11】 15,17,19 【12】 6,10,14,20 【13】 3 【14】 43 【15】 5,41 【17】 6 【19】 1,2,3,15~16 【20】 2⇒276p
▪ **자천**子賤	【5】 2
▪ **자하**子夏	【1】 7 【2】 8 【3】 8 【6】 11 【11】 2,15 【12】 5,22 【13】 17 【19】 3~13⇒276p
▪ **자화**子華	【5】 7 【6】 3 【7】 33 【11】 25　⇒276p
▪ **장무중**	【14】 13,15
▪ **장문중**	【5】 17 【15】 13
▪ **장저**	【18】 6-1
▪ **재아**=재여	【3】 21 【5】 9 【6】 24 【11】 2 【17】 21⇒277p

▪ **적**⇒자화	
▪ **점**點⇒증석	
▪ **정공**	【3】 19 【13】 15
▪ **제경공**	【12】 11 【16】 12 【18】 3
▪ **제환공**	【14】 16~18
▪ **좌구명**左丘明	【5】 24⇒277p
▪ **주공**	【7】 5 【8】 11 【11】 16 【18】 10
▪ **중궁**仲弓	【5】 4 【6】 1 【6】 4 【11】 2 【12】 2 【13】 2⇒278p
▪ **증석**曾晳	【11】 25⇒278p
▪ **증자**曾子	【1】 4,9 【4】 15 【8】 3~7 【11】 17 【12】 24 【14】 28 【19】 16~19⇒278p
▪ **진강**	【16】 13
▪ **진문공**	【14】 16
▪ **진성자**	【14】 22

ㅊ

▪ **축타**	【6】 14 【14】 20
▪ **칠조개**漆雕開	【5】 5⇒278p

ㅌ, ㅍ, ㅎ

▪ **태백**	【8】 1
▪ **필힐**	【17】 7
▪ **환퇴**	【7】 22
▪ **회**回⇒안회	

암송을 하거나 틈틈이 음미하실 분들을 위한

손에 잡히는 경전 시리즈

총 16권 출시. 10권이상 구매시 할인 됩니다. 왼쪽 면에는 원문과 정음을 싣고, 오른쪽 면에는 해석으로 구성되어 있습니다. … ● 9×15cm / 288~336쪽 / 비닐커버 / 2도 인쇄 / 각권 10,000원

▶손에 잡히는 경전 ❶ 주역점	역학의 대가 대산 김석진의 결정판 주역점! 주역을 전혀 모르는 분들이나 초보자도 가능. 주역 64괘에 대한 쉬운 설명과 점풀이.
▶손에 잡히는 경전 ❷ 주역인해	주역의 원문과 토·정음·해석으로만 이루어진 작은 책. 홍범·신도태을경·도록모음.
▶손에 잡히는 경전 ❸ 대학중용	원문을 싣고 주자주는 찾아가서 볼 수 있도록 만든 책. 부록으로 퇴계선생의 성학십도를 풀이.
▶손에 잡히는 경전 ❹ 경전주석인물사전	사서삼경 『소학』·『근사록』·『심경』·『명심보감』 등에 주석한 인물들을 시대·자·호·직업·학문배경·저서 정리. 이름·字·號로 색인.
▶손에 잡히는 경전 ❺ 도덕경 음부경	도덕경과 음부경의 이본을 정리. 음부경 외에 비서삼전으로 알려진 황석공 소서와 제갈량 심서 실음.

손에 잡히는 경전

▶손에 잡히는 경전⑥ 논어	작고 예뻐진 논어. 공자와 제자들의 인물사전, 제자일람표, 논어경문에 나오는 인물색인, 그림으로 보는 공자의 행적도.
▶손에 잡히는 경전⑦ 절기체조	99년 발행되었던 절기맞춤체조를 손에 잡히는 시리즈로 재출간. 자연의 절기에 맞춘 체조로 건강한 삶을~
▶손에 잡히는 경전⑧-⑨ 맹자	총 2권. 각 장구 앞에 배경 설명을 두고, 인물과 한자에 각주를 달았다. 1권에 인물색인, 2권에 자구색인 찾아보기.
▶손에 잡히는 경전⑩ 주역신기묘산	주역의 384효를 17가지 항목에 대해 길흉을 단문으로 해설. 점치는 간단한 방법이 실려있는 주역활용서.
▶손에 잡히는 경전⑪ 자미두수	12년 3월 출간. 자미두수 입문을 재편집하여 찾기 쉽도록 만든 자미두수사전!
▶손에 잡히는 경전⑫ 관세음보살	15년 6월 출간. 설정스님 편저. 천수경과 신묘장구대다라니, 42수진언을 컬러로 된 그림과 함께 수록.
▶손에 잡히는 경전⑬ 사자소학 추구	한자를 배우고 동시에 윤리를 깨우치게 하는 조상들의 지혜를 담은 책. 사자소학 1280자, 추구는 1200자 수록
▶손에 잡히는 경전 ⑭~⑯ 시경 1,2,3	16년 8월 출간. 1권 국풍, 2권 소아, 3권 대아송..!! 완벽한 색인, 연대표, 사서 인용시표, 시 완성 지도, 등등 내용이 충실한 시경 번역서의 최고봉.

	~B.C.550	~540(12세)	~530(22세)	~520(32세)
	551공자탄생	뜻을 세우고, 배우기를 멈추지 않음.		
주周	영왕 571~545		경왕景王 544~520	
노魯	양공 ~542		소공 541~510	
제齊	장공	경공 548~491		
위衛	상공 558~544		헌공	양공	영공 534~493

- 춘추전국시대 주나라의 영토. 낙읍이 수도였다.
- 주나라의 제후국
- 춘추 5패

춘추시대 공자의 행적도

65세 위나라가 노나라를 공격했다 패하고 노나라와 맹약을 맺음. 제자인 유약이 참여함.
위나라 출신 제자인 자공 자하와 함께 함.

64~67세 위나라에 머물렀음. 자로에게 정명에 대해 대답해 줌. 공자가 위나라에서 벼슬할 뜻이 있는지를 여쭘. 67세 부인별세

68세 계강자의 초청으로 다시 노나라로 돌아옴.
69세 손자인 子思를 얻고, 아들 鯉 사망
71세 『춘추』 지음. 안회 사망.
72세 위나라 정변으로 자로 죽음.
73세 공자 별세. 애공이 제문에서 니부尼父라 칭함.

63세 초나라로 초빙받아 가하자 진과 채가 군사를 동원하여 길을 막음. 초나라에 갔다 위나라로 돌아오는 길에 초나라의 광인 접여를 만남

~500(52세)	~490(62세)	~480(72세)	~470
치에 뛰어듬.	주유열국		479 공자별세
19~476			원왕
정공 509~495	애공 494~		
		도공	간공	
	출공 492~481	장공 480~	

B.C.551 노나라 창평향 추읍에서 탄생
15세 학문에 뜻을 세움. 17세 모친별세
19세 결혼. 20세에 아들 鯉를 낳음.
30세 제자양성 시작함.
31세 제나라 경공과 안영이 찾아와 정치를 물음

34세 남궁괄과 주나라에 가서 노자에게 예를 물음

35~37세 소공을 따라 제나라로 망명.

43세 노나라 정공이 즉위하자 다시 노나라로 돌아옴. 자로 민자건 등의 제자가 생기고 명성이 높아짐.
51세 중부의 재상이 됨.
52세 司空(건설장관)이 되고, 53세 司寇(법무장관), 55세 재상겸직 정사의 기강을 바로잡음

55세 벼슬을 버리고 위나라로 감. 위나라에서 진陳으로 가다가 광 땅에서 양호로 오인 받음. 다시 위나라로 돌아옴.
60세 위나라를 떠나 조나라와 송나라를 거쳐 陳나라로 가려 할 때, 송의 대장군 환퇴가 공자를 죽이려고 함.

61세 진陳나라 민공이 돌화살의 유래를 물음. 채나라로 감.

나라를 떠나 섭공을 맞
에 관한 문답을 함. 채나
는 과정에 장저와 걸닉
필힐이 반란을 일으키
를 불렀으나, 가지 않음.